Louis Gurlitt (1812–1897),
Blick auf die Schlossinsel von Westen, 1864

LANDESMUSEEN

GOTTORF

Eine kurze Würdigung

SCHLOSS GOTTORF, WEIT IM NORDEN gelegen, gilt trotz der Ferne zu Italien als eine Inkunabel der Renaissance in Deutschland. Gottorf hat sich in einem Zeitraum von über achthundert Jahren von einer mittelalterlichen, befestigten Burg zu einem repräsentativen Herrschaftssitz des Herzogs entwickelt. Nahezu sämtliche Jahrhunderte haben ihre Spuren hinterlassen, die am heutigen Bauwerk abzulesen sind. Die einstige Burg, in den Annalen des Zisterzienserklosters in Glücksburg als „Clavis et Custodia totius Daniae" (Schlüssel und Schloss des ganzen Königreichs Dänemark) bezeichnet, wurde unter den Herzögen zu Schleswig-Holstein-Gottorf zum politischen und kulturellen Mittelpunkt Schleswig-Holsteins. Heute beherbergt es die Stiftung Schleswig-Holsteinische Landesmuseen mit dem Landesmuseum für Kunst und Kulturgeschichte sowie dem Archäologischen Landesmuseum.

Schloss Gottorf von Südosten

Ein Gang durch die Geschichte

DIE GESCHICHTE DER HERZOGTÜMER Schleswig und Holstein war jahrhundertelang im Wesentlichen geprägt von ihrer geographischen Lage auf der jütischen Halbinsel. Als Tor, aber auch als Riegel zum Norden bildete besonders die Grenze zwischen Holstein und Schleswig, die Landenge zwischen Treene, Eider und Schlei, ein stets begehrtes und umkämpftes Gebiet. Dies bezeugen die wikingerzeitlich, d.h. schon vor der Jahrtausendwende entstandenen Wallanlagen des Danewerks. Die nur 12 km breite Landenge, auf der sich die Wege bündelten, wurde von diesen Wällen abgeschottet.

Das Danewerk – Die Verteidigungsanlage auf der Schleswiger Landenge
Als Schleswiger Landenge bezeichnet man den schmalen Streifen Festland, der zwischen der Schlei im Osten und den ausgedehnten und unpassierbaren Niederungen der Flüsse Eider und Treene im gegenüberliegenden Westen liegt. Damit bildete dieses nur einige Kilometer breite Gebiet den einzigen festen Durchgang in nördliche bzw. südliche Richtung. Die militärische Bedeutung dieses strategisch wichtigen Punktes wurde schon früh erkannt. Wer die Schleswiger Landenge beherrschte, hatte jedoch nicht nur eine Schlüsselstellung in Bezug auf Jütland inne. Auch für den Handel zwischen Nord- und Ostsee war die Schleswiger Landenge von größter Bedeutung.
Der Baubeginn der großen Wehranlagen datiert bis vor das 6. Jahrhundert. Mit seinen Wällen, die sich insgesamt über eine Länge von ca. 33 km erstreckten und deren Entwicklung sich über einen Zeitraum von mehreren Jahrhunderten vollzog, befestigte das Danewerk den südlichen Grenzbereich des dänischen Reiches. Heute ist das Danewerk das größte archäologische Denkmal Skandinaviens.

Abraham Ortelius (1522–1589), „Daniae Regni Typus", Karte von Dänemark einschließlich der Herzogtümer und der westlichen Ostsee, 1572, kolorierter Kupferstich

Ansicht des Schlosses von Süden

In der Stadt Schleswig, Nachfolgerin der Wikingerstadt Haithabu, diente vom Beginn des 12. Jahrhunderts bis zur zweiten Hälfte des 13. Jahrhunderts neben einer Burg im Zentrum der Altstadt ein weiteres Castrum – die auf einer Schleiinsel der Stadt vorgelagerte sogenannte Jürgensburg – der Befestigung und Kontrolle dieses wichtigen Handelszentrums.

Haithabu – Der Handelsort im Norden

Im Zuge eines während des 8. Jahrhunderts sprunghaft ansteigenden Handels zwischen Westeuropa und Skandinavien entwickelte sich der kleine Ort Haithabu an der Schlei seit dem frühen 9. Jahrhundert zu einem blühenden Handelsort. Ihre günstige Lage tief im schützenden Landesinneren, jedoch leicht erreichbar über die Schlei, bot die günstigsten Voraussetzungen für die Entstehung eines zentral gelegenen Handelsplatzes, an dem Waren aus allen Himmelsrichtungen umgeschlagen wurden. Da der Transport der Handelswaren über den Wasserweg vonstattenging, musste einzig eine Distanz von 12 km zwischen der Schlei und den schiffbaren Flüssen Treene und Eider mit Fuhrwerken überwunden werden. Doch dies ersparte die nicht nur zeitraubende, sondern auch gefährliche Umfahrung Jütlands.

In den zeitgenössischen Schriftquellen tauchen für den Ort zwei Namensformen auf: „heithabyr" oder „sliasthorp" bzw. „sliaswich", aus dem sich der heutige Name Schleswig (Dorf oder Siedlung an der Schlei) herausbildete. Haithabu galt mit rund tausend Einwohnern zu ihrer Zeit als große Stadt, die Bebauung bestand jedoch ausschließlich aus Holz. Aus diesem Grund war sie bei Angriffen außerordentlich gefährdet. Vermutlich ging Haithabu in der Folge von Plünderungen und Brandschatzungen Mitte des 11. Jahrhunderts unter. Die Nachfolge trat die sich damals entwickelnde Siedlung auf dem gegenüberliegenden Nordufer der Schlei, Schleswig, an.

Erst 1161 entstand als Bischofsburg eine Anlage auf der heutigen Schlossinsel, nachdem die Vorgängeranlage, Alt-Gottorf (beim heutigen Gut Falkenberg nördlich der Stadt Schleswig) im Kampf gegen König Waldemar I., den Großen, von Dänemark aufgegeben werden musste. Ein Herzog residierte erstmals ab 1268 auf der Schlossinsel; durch Tausch gegen Besitzungen in Schwabstedt war es Herzog Erik I. von Schleswig gelungen, die bischöfliche Burg zu erhalten.

Das Herzogtum Schleswig war aus der Herrschaft des dänischen Statthalters Knud Laward (1115–

der Kaiserkrone des Heiligen Römischen Reiches. 1111 wurde Adolf von Schauenburg als Graf von Holstein und Stormarn eingesetzt. Seine Stammburg, die Schaumburg, liegt zwischen Rinteln und Hessisch Oldendorf an der Weser. Sie bildete den Ausgangspunkt der Grafschaft Schaumburg im südlichen Niedersachsen. Die wichtigsten Residenzen dort waren die Schlösser in Stadthagen und Bückeburg. In den darauf folgenden dreieinhalb Jahrhunderten spielten die Schauenburger eine entscheidende Rolle in ihrem neuen Herrschaftsgebiet und darüber hinaus. Auf das Betreiben des Schauenburger Grafen Gerhard III. wurde sein unmündiger Neffe Waldemar, Sohn des verstorbenen Schleswiger Herzogs, 1326 zum König von Dänemark gewählt. Dieser junge König übertrug Gerhard das Herzogtum Schleswig als erbliches Lehen. Durch die zunehmende Zahl an holsteinischen Rittern, Bürgern und Bauern, die im Herzogtum Schleswig in der Folge heimisch wurden, kam es im Laufe der Jahrhunderte zu einer immer stärker werdenden Verflechtung beider Herzogtümer, so dass sich die holsteinische und schleswiger Ritterschaft bei der Wahl des Oldenburgers Christian I. zum König von Dänemark, Herzog von Schleswig und Grafen von Holstein, 1460 im Vertrag von Ribe als Gegenleistung bestätigen ließen, dass die beiden Herzogtümer (Holstein wurde 1474 ebenfalls Herzogtum) auf ewig ungeteilt zusammen bleiben sollten. Nachrichten über den baulichen Zustand der Burg bzw. des späteren Schlosses erhalten wir erstmals aus dem Jahr 1492, als ein Brand einen Großteil der

Herzog Friedrich I., regierte 1490–1523

1131) hervorgegangen. Er residierte in der Stadt Schleswig, deren Name später zugleich zum Namen des Territoriums wurde. Während das Herzogtum Schleswig ein Lehen der Krone des Königreichs Dänemark war, war Holstein ein Lehen

Anlage zerstörte. Der seit 1490 regierende Herzog Friedrich I., Nachfolger Christians I., veranlasste eine rege Bautätigkeit, die bis zu seinem Tod und darüber hinaus anhielt. Nachfolger Friedrichs I., der seit 1523 auch die dänische Königswürde trug, war sein ältester Sohn, König

Ansicht der inneren Schlei mit der Stadt Schleswig und dem Schloss Gottorf, kolorierte Radierung, 1584, aus: Georg Braun und Franz Hogenberg, Theatrum urbium Bd. 4

Christian III. Er vollendete die Bauvorhaben seines Vaters, bevor der Gottorfer Herrschaftsbereich bei einer Landesteilung unter den drei jüngeren Söhnen Friedrichs I. 1544 an den jüngsten Bruder, Herzog Adolf, fiel. Herzog Adolf war somit der erste Herzog von Schleswig-Holstein-Gottorf.

Die Reformation nahm ab 1528 ihren Lauf. In den Städten und an der Westküste hatte sie rasch um sich gegriffen; 1536/37 wurde sie durch König Christian III. gewaltsam durchgesetzt, indem er alle Bischöfe verhaftete und eine Kirchenordnung erließ. Heftiger Widerstand kam allein von seiten des Adels, so dass der König erst auf dem Landtag 1542 seinen Willen durchsetzen konnte. Für die Herzogtümer traf es sich günstig, dass die neue Kirchenordnung zu einem Zeitpunkt geschaffen wurde, als sie von einem gemeinsamen Herrscher regiert wurden. Als Christian III. die Herzogtümer unter seinen jüngeren Brüdern verteilte, war die Glaubensfrage schon entschieden.

Durch die Landesteilung 1544 zersplitterten die Herzogtümer Schleswig und Holstein in einen Flickenteppich unterschiedlicher Herrschaftsbereiche, der jedoch bis in das frühe 18. Jahrhundert bestehen blieb. Die vormals königliche Residenz Schloss Gottorf wurde mit dieser Landesteilung bis zur Besetzung durch die Dänen 1713 der Hauptsitz der Herzöge von Schleswig-Holstein-Gottorf. Herzog Adolfs Bestreben war bestimmt von der Bemühung um territoriale Ausdehnung und innere Festigung seines Herrschaftsbereiches sowie Stärkung seiner Finanzen, die er hauptsächlich durch Kriegsunternehmen aufbesserte. Durch umfangreiche Bautätigkeit im Herzogtum entstanden in den letzten beiden Jahrzehnten seines Lebens an den Grenzen des Herrschaftsbereiches drei Schlossneubauten, zwei weitere, darunter das Schloss Gottorf, ließ er ausbauen. Zeitgleich verfolgte er mehrere Deichbauprojekte an der Westküste.

Die Schlacht bei Hemmingstedt 1500 und die Unterwerfung Dithmarschens 1559
Dithmarschen, ein reiches Bauernland, das unter genossenschaftlicher Selbstregierung
stand, hatte sich lange der Herrschaft der Holstengrafen entziehen können, indem es
sich auf die Oberhoheit der Bremer Erzbischöfe berief. Der Wohlstand der Bauern
bewog König Christian I., der 1500 über ein großes Söldnerheer verfügte, einen er-
neuten Versuch zu wagen, das Land gewaltsam an sich zu bringen. Mit den Söldnern
und dem Aufgebot der schleswig-holsteinischen Ritterschaft stand dem Bauernheer
von 6000 Mann in der Schlacht bei Hemmingstedt ein Heer von 10 000 bis 12 000 Mann
gegenüber. Die Verblendung der siegessicheren Angreifer führte sie in die Niederlage,
denn den Dithmarschern geriet das winterliche Tauwetter, das die Wege aufgeweicht
hatte, und das flache Land Dithmarschens zum Vorteil. Sie öffneten die Schleusen und
überfluteten das Land, so dass die Angreifer regelrecht den Boden unter den Füßen
verloren und von den verbissen um ihre Freiheit kämpfenden Dithmarschern nieder-
gemacht wurden. Fast jeder Dritte der schleswig-holsteinischen Ritter ließ in dieser
Schlacht sein Leben.
Die furchtbare Niederlage blieb unvergessen. 1559 sollte sich jedoch das Blatt wenden.
Herzog Adolf, der viele Jahre als Söldnerführer im Dienste Karl V. verbracht hatte,
schickte sich an, seinen Herrschaftsbereich durch die Eroberung Dithmarschens zu ver-
größern. Er konnte die Pläne jedoch nicht geheim behalten, so dass sich seine Brüder
ebenfalls an der Eroberung beteiligten. Dieses Mal waren die Angreifer die Klügeren.
Sie konnten das Heer der Dithmarscher durch Scheinangriffe spalten und letztendlich
einkesseln, womit die Schlacht entschieden war. Herzog Adolf, der in dieser Schlacht
schwer verletzt worden war, musste Dithmarschen mit seinen Brüdern teilen, er selbst
erhielt Norderdithmarschen. Im Wappen der Herzöge zu Schleswig-Holstein-Gottorf
erscheint das Dithmarscher Wappen mit der Darstellung eines Ritters mit gezogenem
Schwert, Sinnbild für die Unterwerfung Dithmarschens 1559.

Durch Heiratspolitik gelang es seinem Nachfolger,
Johann Adolf, seine Familie in die Reihe der
europäischen Fürstenhäuser einzubinden. Diese
Politik wurde weiterhin verfolgt, so dass sich ein
enges Beziehungsgeflecht zu Schweden und
Dänemark sowie deutschen Fürstenhäusern entwickelte. Besonders versuchte man die Spannun-
gen zu Dänemark durch geschickte Heiratspolitik
zu glätten. Johann Adolf wie auch Christian
Albrecht ehelichten dänische Prinzessinnen.
Der Gottorfer Anteil des Herzogtums Schleswig
wurde 1658 aus der Lehnsbindung an Dänemark

*Wappen der Herzöge von Schleswig-Holstein-Gottorf
nach 1559*

Julius Strachen († 1648), Herzog Friedrich III.
von Schleswig-Holstein-Gottorf, regierte 1616–1659

FRIEDERICVS. III.
Herkog zu Holstein Gottorp
geb.d.22.Dec.1597. gestorben
d.10.Aug.1659.

Herzog Johann Adolf, regierte 1590–1616

gelöst, ein Umstand, der in den folgenden Jahren immer wieder Anlass zu kriegerischen Auseinandersetzungen mit Dänemark gab.

Im Verlauf des Nordischen Krieges (1700–1720) gelang es dem dänischen König Friedrich IV. im Jahr 1713, den Landesteil Schleswig und das Schloss Gottorf zu annektieren und damit wieder in den Besitz der dänischen Krone zu bringen. 1721 fand die Huldigung des dänischen Königs durch Angehörige der Ritterschaft auf Schloss Gottorf statt. Für die dänische Krone war das Schloss Gottorf nur eines unter vielen, so dass kein besonderes Interesse vorlag, es zu erhalten geschweige denn, den 1699 begonnenen Neubau fortzuführen. 1750 kamen die fürstliche Kunstsammlung sowie die Bibliothek nach Kopenhagen und wurden in die dortigen Sammlungen integriert. Der Sohn Herzog Friedrichs VI., Herzog Karl Friedrich, nunmehr lediglich Herzog von Holstein-

Gottorf, residierte im Schloss zu Kiel. Seine Gattin, Zarentochter Anna Petrowna, verstarb bereits 1728, sein Sohn, Großfürst Carl Peter Ulrich, der spätere Zar Peter III., heiratete Sophie Auguste Friederike von Anhalt-Zerbst, spätere Katharina II., die Große, von Russland. Beide Herzöge, Karl Friedrich wie auch Carl Peter Ulrich, wollten den Verlust des Herzogtums Schleswig einschließlich seiner Souveränität niemals anerkennen. Erst nach dem Tod Carl Peter Ulrichs kam es 1773 zu einem endgültigen Tauschvertrag mit dem König von Dänemark. Mit diesem Vertrag von Zarskoje Selo hörte der Gottorfer Staat auf zu existieren, der König von Dänemark war jetzt, 240 Jahre nach der Landesteilung von 1544, wieder Herzog von Schleswig und zusätzlich Herzog von Holstein.

Das Schloss Gottorf erlebte während der dänischen Statthalterschaft unter dem Landgrafen Carl von Hessen (1744–1836), der von 1767 bis zu seinem Tod hier residierte, eine Rückkehr glanzvoller Zeiten. Carls Gattin, Prinzessin Louise, war eine Schwester des dänischen Königs Christian VII. und legte Wert auf eine standesgemäße Lebensführung auf Schloss Gottorf.

Mit der Nutzung des Schlosses als Kaserne ab 1850, eine Reaktion der dänischen Krone auf die Schleswig-Holsteinische Erhebung 1848, gingen bauliche Maßnahmen einher, die eine deutliche Vernüchterung der Anlage mit sich brachten. Entfernung von Giebeln und Ausbauten, Unterteilung von Räumen und Zerstörung oder Verkleidung ornamentaler Dekorationen waren die üblichen Folgen derartiger Umbauten.

Erst seit dem Einzug der Schleswig-Holsteinischen Landesmuseen 1948 konnte der Versuch unternommen werden, den Charakter einer herzoglichen Residenz wieder erlebbar zu machen. Die Museen bezogen zunächst das Schloss, bald auch die Nebengebäude, so dass inzwischen auch das wirtschaftliche Umfeld mit Bauten der Kasernenzeit, oft Nachfolger älterer Wirtschaftsgebäude, zu besichtigen sind. Eindrucksvollste bauliche Leistungen waren die Restaurierung des Schlosses und die Rekonstruktion der Renaissancefassade im Schlosshof. Heute ist das nördlichste Landesmuseum der Bundesrepublik Deutschland eine des Baues und der Sammlung wegen viel beachtete Einrichtung, gleich, ob man das Schloss betritt, um das Museum zu sehen, oder das Museum besucht, um das Schloss zu besichtigen.

Herzöge von Schleswig und Holstein

Gerhard III. von Schauenburg, reg. 1326–1340
Gerhard VI. von Schauenburg, † 1404
Adolf VIII. von Schauenburg, † 1459
Christian I. von Oldenburg 1426–1481, ab 1460 König von Dänemark,
Herzog von Schleswig und Graf von Holstein
Friedrich I. 1490–1533, seit 1523 König von Dänemark
Christian III. 1503–1559, König von Dänemark

Herzöge von Schleswig-Holstein-Gottorf

Adolf 1526–1586, reg. ab 1544, verheiratet mit Christine von Hessen
Friedrich II. 1568–1587
Philipp 1570–1590
Johann Adolf 1575–1616, verheiratet mit Prinzessin Augusta von Dänemark
Friedrich III. 1597–1659, verheiratet mit Maria Elisabeth von Sachsen
Christian Albrecht 1641–1694, verheiratet mit Prinzessin Friederike Amalie
von Dänemark
Friedrich IV. 1671–1702, verheiratet mit Prinzessin Hedwig Sophie von Schweden

Herzöge von Holstein-Gottorf

Carl Friedrich 1700–1739, verheiratet mit Anna Petrowna, Tochter Zar Peters d. Gr.
Carl Peter Ulrich (Großfürst Peter III.) 1728–1762, verheiratet mit
Sophie Auguste Friederike von Anhalt-Zerbst, später Katharina II., die Große
Paul I. 1754–1801

Dänische Statthalter

Landgraf Carl von Hessen (1744–1836) 1776–1836, verheiratet mit Prinzessin Louise
von Dänemark

Lazarett – Kaserne – Museum

Nutzung als Lazarett 1848/50
Dänische Kaserne ab 1852/55
Preußische Kaserne ab 1864/66 bis 1945
Sitz der Landesmuseen seit 1948

„Zweyte Ansicht von Schleswig", Radierung, 19. Jh.

Kurzer Abriss der Baugeschichte

DIE ANFÄNGE EINER BEBAUUNG auf der Schlossinsel gehen zurück in das 12. Jahrhundert. Zu diesem Zeitpunkt diente sie als Sitz des Schleswiger Bischofs. Reste eines mittelalterlichen Steinbaues konnten im Nordostbereich des heutigen Schlosses nachgewiesen werden. Zum ältesten Baubestand gehören zudem einige Kellerbereiche des Nordflügels sowie ein kleiner gewölbter Raum, der in das 13. Jahrhundert zu datieren ist.

Erst mit dem ausgehenden 15. Jahrhundert lassen sich größere Baumaßnahmen mit archivalisch überlieferten Nachrichten verknüpfen. Aus dieser Zeit ist die Gotische Halle erhalten. Das 16. Jahrhundert ist von einer äußerst intensiven Bautätigkeit gekennzeichnet. Der Westflügel entstand ab den 1530er Jahren im Stil der Frührenaissance, der Ostflügel wurde ab 1564/65, der Nordflügel ab 1585 errichtet, wobei jeweils ältere Bausubstanz miteinbezogen wurde.

Erst Ende des 17. Jahrhunderts kam es mit dem partiellen Abriss des alten und der Erbauung des barocken Südflügels wieder zu einer großen Baumaßnahme. Die heutige Erscheinung des Schlosses erhielt eine weitere Prägung während der fast hundertjährigen Nutzung zwischen 1850 und 1945 als Kaserne. Der Verlust vieler architektonischer Zierelemente sowie der herzoglichen Nebengebäude auf der Schlossinsel ist dieser Nutzung anzulasten.

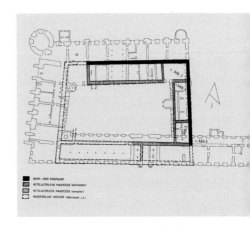

Der Grundriss des Schlosses mit dem nachgewiesenen bzw. vermuteten Verlauf der Wehr- oder Ringmauer

Vorderseite einer verlorenen Uhr aus der Gottorfer Kunstkammer, Ausschnitt mit der gravierten Darstellung des Schlosses, 1639

Ein Rundgang durch Schloss Gottorf

Die topographische Situation des Schlosses

WIE IN DEN ZURÜCKLIEGENDEN JAHRHUN-DERTEN erreicht der Besucher das Schloss Gottorf von Süden her über einen Damm. Die Insellage der ehemaligen Residenz der Herzöge von Schleswig-Holstein-Gottorf hat sich bis heute erhalten. Die Insel ist natürlichen Ursprungs, hat jedoch im Laufe der Jahrhunderte durch Anschüttung und Verlandung ihre Ausdehnung nahezu verdoppelt. Der sogenannte Burggraben war ursprünglich der westlichste Winkel der Schlei gewesen. Die Schlei, eine Schmelzwasser-rinne der Eiszeit, ragt etwa 30 km tief ins Land hinein. Die Abtrennung des Burggrabens von der Schlei durch einen Damm erfolgte erst Ende des 16. Jahrhunderts. Ausgedehnte feuchte und unwegsame Flächen rund um die Schlossinsel schirmen bis heute das Gebiet gegen die näher rückende städtische Bebauung ab.

Die mittelalterliche Erscheinung

HINTER DER IMPOSANTEN FASSADE des Süd-flügels verbirgt sich die eindrucksvolle und bedeutende Renaissanceanlage aus vier Flügeln, die sich um einen viereckigen Hof gruppieren. Die mittelalterliche Burg war formgebend für diese Anlage, ihre Reste wurden in späteren Bauphasen einbezogen. Wie diese mittelalterliche Burg aus-sah, die Herzog Friedrich, der spätere dänische König Friedrich I., vorfand, bevor er sie im ersten Viertel des 16. Jahrhunderts zu einer repräsenta-tiven Residenz ausbaute, bleibt in wesentlichen Zügen ungewiss. Es war eine in den engen Begrenzungen einer Ringmauer errichtete Anlage, deren Raumfolgen hintereinander angeordnet waren und unterschiedlichen Funktionen dienten. Die einzelnen Räume der Burg hatten nur eine geringe Tiefe und erschlossen sich nacheinander. Der Verlauf der mittelalterlichen Ringmauer ist heute nur zur Hälfte bekannt, in weiteren Teilen ist man auf Vermutungen angewiesen. Die Außenwand des Ostflügels und die dicke Trenn-wand, die den Nordflügel in Längsrichtung durch-läuft, sind als einstige Ringmauer identifiziert.

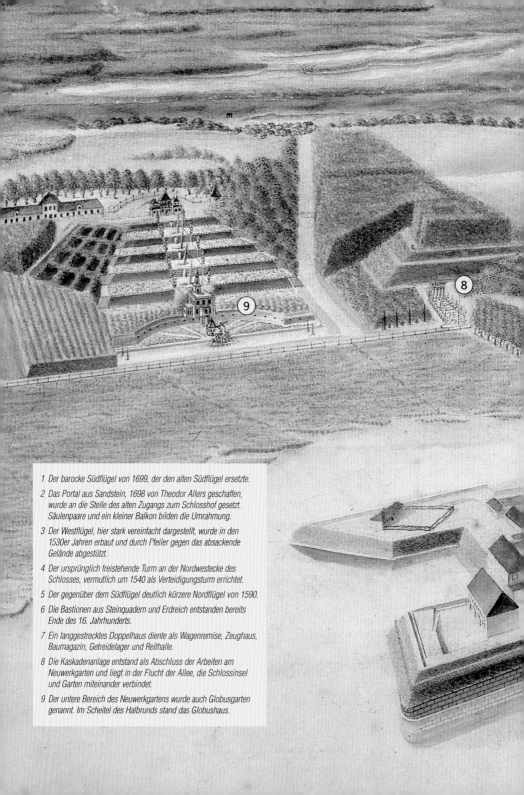

1 Der barocke Südflügel von 1699, der den alten Südflügel ersetzte.

2 Das Portal aus Sandstein, 1698 von Theodor Allers geschaffen, wurde an die Stelle des alten Zugangs zum Schlosshof gesetzt. Säulenpaare und ein kleiner Balkon bilden die Umrahmung.

3 Der Westflügel, hier stark vereinfacht dargestellt, wurde in den 1530er Jahren erbaut und durch Pfeiler gegen das absackende Gelände abgestützt.

4 Der ursprünglich freistehende Turm an der Nordwestecke des Schlosses, vermutlich um 1540 als Verteidigungsturm errichtet.

5 Der gegenüber dem Südflügel deutlich kürzere Nordflügel von 1590.

6 Die Bastionen aus Steinquadern und Erdreich entstanden bereits Ende des 16. Jahrhunderts.

7 Ein langgestrecktes Doppelhaus diente als Wagenremise, Zeughaus, Baumagazin, Getreidelager und Reithalle.

8 Die Kaskadenanlage entstand als Abschluss der Arbeiten am Neuwerkgarten und liegt in der Flucht der Allee, die Schlossinsel und Garten miteinander verbindet.

9 Der untere Bereich des Neuwerkgartens wurde auch Globusgarten genannt. Im Scheitel des Halbrunds stand das Globushaus.

Hans Chr. Lönberg, Vogelperspektive von Gottorf und Schleswig, Aquarell 1732

Rekonstruktion des Schlosses, Zustand um 1690, kurz vor der tiefgreifenden Veränderung des Südflügels; der Schlosshof wurde durch das sog. Kavaliershaus abgegrenzt, die Schranken auf dem Platz dienten als Ringreitbahn; Zeichnung: Felix Lühning

Den weiteren Verlauf der Mauer vermutet man im Süden auf der Höhe der heutigen Südfassade. Im Bereich des Westflügels gibt wohl die Hoffront die Lage der Wehrmauer an. Reste mittelalterlicher Bebauung finden sich z.B. im Ostflügel; der Kern der älteren Burg ist vermutlich unter dem Innenhof des heutigen Schlosskomplexes zu lokalisieren.

Das Renaissance-Schloss

DIE ERSTE BILDLICHE ÜBERLIEFERUNG, eine Ansicht der Stadt Schleswig aus dem Jahr 1584 von Georg Braun und Franz Hogenberg, zeigt das ausgebaute Renaissance-Schloss. Der mächtige Befestigungswall mit den Bastionen ist besonders auffällig. Diese aus Quaderwerk und Erdreich erbauten Wälle erhoben sich acht bis neun Meter über den Wasserspiegel und entstanden im späten 16. Jahrhundert. Nach der Überlieferung sind nach der Reformation vier Schleswiger Kirchen niedergerissen und als Baumaterial zur Verstärkung der Festungswälle auf der Schlossinsel verwendet worden.
Über die Erscheinung des alten Südflügels sind wir durch Darstellungen aus dem 16. und

17. Jahrhundert unterrichtet. Er scheint relativ uneinheitlich aus mehreren Baukörpern unterschiedlicher Entstehungszeit bestanden zu haben. Ein breiter Bau mit einem hoch aufragenden, reich geschmückten Giebel lag am westlichen Ende. Die Verzierung bestand aus aufgelegten Pfeilern und Gesimsbändern sowie halbrunden sogenannten Welschen Giebeln mit Kugeln und Obelisken auf den abgetreppten Giebelseiten. Östlich schloss sich ein langes Gebäude an, an dessen Ende sich das von Doppelsäulen gerahmte Eingangsportal

Darstellung des Schlosses von Süden, Ausschnitt aus der Titel-Radierung des „Hochfürstlichen Leichenbegengnisses" Friedrichs III., 1661

Ansicht der Schlossinsel aus der Vogelschau
und Plan des Neuwerkgartens, Kupferstich
von Christian Fritzsch, aus:
Ernst Joachim Westphalen,
Monumenta inedita 1743,

*Gottorf aus der
Vogelschau,
lavierte
Federzeichnung
um 1697;
Ausschnitt*

befand. Der anschließende Turm hatte einen geschweiften Giebel mit Obelisken und kräftigen Eckquadern. Am östlichen Ende des Südflügels befand sich wiederum ein Bau sehr ähnlich dem im Westen, jedoch etwas kleiner. Bis auf den Südflügel haben sich die weiteren Flügel des Schlosses in mehr oder weniger unveränderter Form erhalten.

Die heutige Schlossanlage

UM ERSTE EINBLICKE in die Baugeschichte zu erhalten, ist es ratsam, mit einem Gang um das Schloss zu beginnen. Nach links, entlang der Fassade des Südflügels und dem Uhrzeigersinn folgend, erreicht man zunächst den im rechten Winkel anschließenden Westflügel. Der Weg setzt sich auf diese

Die westliche Seite des Schlosses mit den nachträglich ergänzten Stützpfeilern und dem nordwestlichen Eckturm

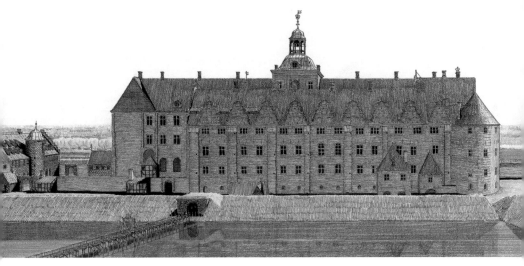

Rekonstruktion des Schlosses von Norden, Zustand um 1720. Zeichnung: Felix Lühning

Weise fort, bis wir wieder am Ausgangspunkt angelangt sind.

Die Außenwand des Westflügels ist mit einer Reihe von Stützpfeilern besetzt, ein Zeichen dafür, dass der Grund hier nachgab und die absackende Wand später gesichert werden musste. Der nordwestlich gelegene Turm aus der Zeit um 1540 verweist auf die Bestrebungen der Herzöge, das

Der ehemals freistehende Turm an der Nordwestecke des Schlosses, vermutlich aus den 1540er Jahren

Die Nordfassade des Schlosses, hinter dem mittleren Wandfeld verbirgt sich die Kapelle

Schloss gegen feindliche Übergriffe durch Befestigungen zu schützen. Dieser Turm stand ursprünglich frei; er diente also nur der Verteidigung und nicht als Wohn- oder Zufluchtsturm im Angriffsfall. Die Fundamente eines im Durchmesser genauso großen Turmes, der als Gegenstück an der Südwestecke des Schlosses stand, wurden erst im Frühjahr 2014 ergraben. Bildliche Darstellungen dieses Turmes gibt es nicht. Er gehört daher in eine frühere Bauperiode des Schlosses. Die Ähnlichkeit mit dem Turm an der Nordwestecke lässt vermuten, dass beide in einen baulichen Zusammenhang gehören.

Der Nordflügel erscheint von der Feldseite her als ein gleichmäßiger Bau. Die kleinen, heute recht streng wirkenden Giebel weisen einen Renaissanceschmuck aus aufgelegten Pfeilern und Gesimsen auf. Ursprünglich zierten Schweifwerk und kleine bekrönende Obelisken diese Giebel und gaben ihnen eine verspielt-festliche Erscheinung. Die wie Pfeiler wirkenden Schächte, die über sämtliche Geschosse reichen, verbergen in ihrem Inneren die einstigen Abtritte.
Der Ostflügel ist der kleinste des Schlosses. In seinen Ausmaßen gleicht er noch am ehesten der

Die Ostfassade des Schlosses

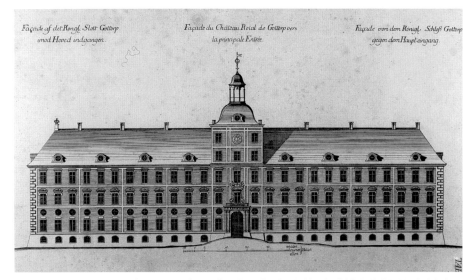

Façade af det Kongl. Slott Gottorp imod Hoved indgangen.

Façade du Château Roial de Gottorp vers la principale Entrée.

Façade von dem Kongl. Schloß Gottorp gegen dem Haupt-angang.

Laurids de Thurah, Ansichten und Grundrisse von Schloss Gottorf, aus: Den Danske Vitruvius Bd. II, 1749, Tab. 145, Ansicht der Südfassade

mittelalterlichen Anlage. Von hier wird ersichtlich, dass der Südflügel überlängt ist und die Umrisslinie des Schlosskarrés sprengt. Auffällig ist, dass die Rückseite des Südflügels nicht vollständig durchfenstert ist, sondern am östlichen Ende eine geschlossene Wandfläche aufweist. Sie blieb ungestaltet, um hier einen geplanten neuen Ostflügel nach Norden anschließen zu lassen. Ob eine komplette neue Vierflügelanlage geplant war, konnte bisher nicht geklärt werden.

Der Südflügel

DER LANGGESTRECKTE HEUTIGE SÜDFLÜGEL entstand 1698–1703 unter Einbeziehung älterer Bauteile. Friedrich IV. hatte den Bau des Südflügels begonnen, konnte aber die Vollendung nicht mehr erleben, da er 1702 als Verbündeter seines Schwagers, König Karls XII. von Schweden, auf dem Schlachtfeld in Polen fiel. Den Entwurf für den Süd-

flügel lieferte der aus dem sächsischen stammende Landbaumeister Johann Heinrich Böhme. Architektonische Vorbilder sind in den sächsischen Schlossbauten von Zeitz und Weißenfels zu erkennen.

Der verlängerte barocke Südflügel von Norden gesehen

Für die Neuerrichtung des Südflügels waren die oberen Geschosse des alten Südflügels sowie der südliche Teil des Ostflügels niedergelegt worden. Die westliche Hälfte des neuen Südflügels entstand 1698 neu, während die Erbauung der östlichen Hälfte samt Turm ungleich schleppender voranging, erst 1705 war beides fertiggestellt. Die Nutzung des Südflügels spiegelt sich in der architektonischen Ausgestaltung der Fassade wider. Oberhalb der schlichten Fensterreihe des Erdgeschosses zeigt sich ein durch Rundfenster belichtetes Halb- bzw. Mezzaningeschoss, in dem sich Verwaltungsräume und Räumlichkeiten für das Dienstpersonal befanden. Das darüber liegende piano nobile mit den herzoglichen Wohnräumen ist oberhalb der Fenster durch segmentbogenförmige Verdachungen mit geschnitztem Reliefschmuck aus Eichenholz – heute aus Zementguss rekonstruiert – gekennzeichnet. Die gesamte Fassade ist durch flache, vertikale und horizontale Mauerbänder gegliedert. Anstelle der heutigen weißen Farbgebung, die seit dem späten 18. Jahrhundert die Erscheinung des Schlosses prägt, ist für die Entstehungszeit ein hellroter Farbton nachgewiesen worden; der Bauschmuck war kontrastierend in steingrau gestrichen.

Der Schlosszugang blieb beim Umbau an seiner alten Stelle und befindet sich nun genau in der Mitte des Flügels. Ein mächtiger Eingangsturm mit Glockenhaube und Dachlaterne betont die Symmetrie des Neubaus. Die Jahreszahl 1703 findet sich im oberen Geschoss der Turmfassade, vor allem aber eine Turmuhr.

Der barocke Südflügel, Holzschnitt, 19. Jahrhundert

Der barocke Südflügel

Uhren im Barock
Mechanische Messinstrumente wie z.B. Uhren gehörten in der Zeit des Barock zum Bestand fürstlicher Kunstkammern. Auch am Gottorfer Hof gab es eine umfangreiche Sammlung derartiger Instrumente, von denen viele von Hofkünstlern und -handwerkern hergestellt waren. Uhren dienten nicht nur der Zeitmessung, sie waren ebenso technische Spielereien zur Erbauung des Besitzers wie auch repräsentative Ausstellungsstücke. Mit einer Vielzahl verschiedener Anzeigen wie Sonnen- und Mondphasen oder Datums-angaben ausgestattete Uhren ermöglichten Einblicke in die Abläufe des gesamten Universums und dienten der Wissenschaft.
Die weithin sichtbare Turmuhr war nicht nur ein Zeichen für den geordneten Tages-ablauf, sondern im übertragenen Sinne auch Bild der geordneten Gesellschaft bzw. des geordneten Staates. Die Uhr wurde damit zum Sinnbild des absolutistischen Staates mit dem Fürsten als Oberhaupt.

Das säulengerahmte Sandsteinportal des Bildhauers Theodor Allers war schon 1698 fertiggestellt worden. In der Gebälkzone findet sich ein von Trophäen umsäumtes Monogramm, dessen Inschrift F IV. (für Friedrich IV.) nachträglich umgewidmet wurde in F VII. (für den dänischen König Friedrich VII.). Ein kleiner Balkon auf der Höhe des zweiten Obergeschosses, ein sogenannter Altan, bildet den oberen Abschluss der Portalarchitektur. Die Rahmung der Altantür mit einer Krone in der Mitte diente zugleich der Verherrlichung des Herzogs, sollte er sich auf dem Altan seinen Untertanen zeigen. Die Wirkung des anspruchsvollen Portals wurde durch eine ursprünglich farbige Fassung und teilweise Vergoldung noch gesteigert.

Der typisch barocke Grundriss des Südflügels ist spiegelsymmetrisch aufgebaut. In allen Geschossen befinden sich drei Säle „en filade", d.h., die Räume liegen aneinandergereiht und sind auf gleicher Höhe durch Türen miteinander verbunden. Die Breite des neuen Flügels orientierte sich an der vorhergehenden Bebauung, ihr wurden auf der Hofseite bequeme Korridore vorgesetzt.

Das Eingangsportal aus Sandstein, 1699 geschaffen von dem Bildhauer Theodor Allers

Die Gemächer des Herzogs hatten sich im alten Südflügel in der Südwestecke des ersten Obergeschosses befunden und wurden nach dem Umbau wieder hier eingerichtet. Die Herzogin erhielt direkt darüber ihr Appartement. Die Wände dieser Räume erhielten eine halbhohe Holzverkleidung und Wandbespannungen aus Textil oder Leder. Eine zurückhaltende, hochwertige Ausstattung mit stuckierten Friesen hat sich in der östlichen Hälfte des Südflügels erhalten. Sie weisen eine große Motivvielfalt auf und wurden von den italienischen Stuckateuren Joseph Mogia und Dominico Carbonetti ausgeführt.

Das Treppenhaus

EIN RUNDGANG DURCH DAS SCHLOSSGEBÄUDE führt zunächst in die ehemalige barocke Eingangshalle des Schlosses. Im Inneren des Eingangsturmes war beim Neubau des Südflügels ein großzügiges, lichtes Treppenhaus mit zweiläufiger, hölzerner Treppe und Wendepodesten ent-

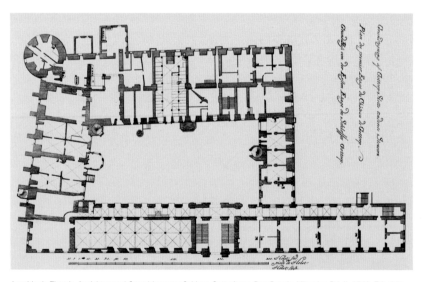

Laurids de Thurah, Ansichten und Grundrisse von Schloss Gottorf aus: Den Danske Vitruvius Bd. II, 1749, Tab. 141, Grundriss des Erdgeschosses

standen. Die balustergeschmückten, steinfarbenen Treppenläufe ließen in der Mitte eine Öffnung entstehen, die den Blick in das erste Geschoss freigab. Hier befand sich ein stuckgerahmtes, ovales Deckengemälde mit der Darstellung der Kriegsgöttin Athena. Auf ihrem Schild war das Spiegelmonogramm Friedrichs IV., umgeben von Wappenelementen der Herzöge von Schleswig-Holstein-Gottorf, dargestellt. Schwebende Genien umrahmten den Schild und hielten ein flatterndes Spruchband mit der Devise „constantia et labora" (Durch Beständigkeit und Mühe).

Die ehemalige Treppenanlage ist nach den Veränderungen des 19. Jahrhunderts kaum noch zu erahnen, das Stuckoval findet sich jedoch im ersten Stock am angestammten Platz. Von hier aus ist auch der kleine Altan über dem Eingangsportal zugänglich. Die Treppenanlage entsprach den Idealvorstellungen einer barocken, repräsentativen „Staatstreppe", die eine wichtige Rolle im Hofzeremoniell spielte. In Kombination mit den Korridoren auf der Hofseite des Südflügels ergab sich ein großzügiges und herrschaftliches Wegesystem, wie es im Schloss bis

Das erhaltene Stuckoval im ehemaligen Treppenhaus

dahin nicht existierte. Die Treppenanlage wurde 1887 im Zusammenhang mit der Kasernennutzung durch Schachttreppen mit Steinstufen ersetzt, die offenen Seiten wurden geschlossen.

Der Blick in den barocken Korridor des östlichen Südflügels

Der Schlosshof während der Kasernenzeit (Parti af Slotsgarden paa Garden), vor 1870, Holzschnitt

Der Schlosshof

WIR GEHEN ZUNÄCHST durch den Torweg hindurch in den Schlosshof und betrachten die einzelnen Fassaden, da sich hier, zumal nach den jüngsten Restaurierungen, der Charakter des Renaissanceschlosses besonders gut nachvollziehen lässt. Das Niveau des Schlosshofs war ursprünglich einen halben Meter tiefer, außerdem war er zunächst auch breiter und verlor mit der Errichtung der Korridore am barocken Südflügel an Fläche.

Dendrochronologie

Bauforschung und Archäologie kennen seit mehreren Jahrzehnten diese Methode, mit der man Holz exakt datieren kann. Die Methode beruht auf dem Wachstum des Holzes, das vom Klima und von den Jahreszeiten abhängig ist und sich auf die Breite der Jahresringe auswirkt. Mit Hilfe einer Bohrprobe oder einer Holzscheibe werden die Jahresringe des verbauten Holzes gemessen und das jeweilige Wachstum ermittelt. Man entnimmt die Probe möglichst an einer Stelle, an der sich der letzte Jahresring unter der Rinde erhalten hat (Waldkante). Durch den Vergleich mit bereits datierten Holzproben lässt sich so der genaue Fällungszeitpunkt des Holzes aufs Jahr genau feststellen. Da Holz immer frisch verarbeitet worden ist, gibt der letzte Jahresring somit Fällungs- und Baujahr an. Beachten muss der Forscher allerdings, dass Holz bei Umbauten wiederverwendet sein kann. Ist die Waldkante des Holzes nicht mehr erhalten, kann zudem der Fällungszeitpunkt nur ungefähr bestimmt werden.

Der Nordflügel

GEGENÜBER DER DURCHFAHRT liegt der Nordflügel, dessen Erbauung in die Zeit von 1585 bis 1590 zu datieren ist. Die im zweiten Obergeschoss erhaltenen Holzbalkendecken des Nordflügel wurden unter Herzog Adolf fertiggestellt. Bedingt durch den Tod Adolfs 1586 konnten zwar erst seine Nachfolger den Nordflügel beenden, die Konzeption ist jedoch noch ihm zuzuschreiben. Für die Vollendung der heute vereinfachten Schmuckgiebel war 1590 Steinmaterial aus Gotland importiert worden. Die ursprünglich mit Voluten, Obelisken und einem Pilastersystem verzierten Giebel können aufgrund archivalischer Nachrichten dem niederländischen Baumeister Herkules Oberberg zugeschrieben werden. Seine Bestallung fiel ebenfalls in das Jahr 1590. Außerdem ist bekannt, dass 1590 ein Schmied mit der Herstellung der Maueranker beauftragt wurde, wie auch für die Jahre 1590 und später der Ankauf sogenannter Astracken, farbiger glasierter Bodenfliesen, belegt ist.

Phantasievoll gebildete Schornsteinköpfe, wie sie uns bildlich überliefert sind, sowie zwei Sandsteinportale aus dem 16. und 17. Jahrhundert waren weitere Schmuckelemente des Nordflügels. Ein Portal umrahmt den Zugang zur Schlosskapelle und ist bereits unter Herzog Adolf entstanden. Es wurde an diese Stelle gesetzt, als man eine Kapelle, die es seit mindestens 1512 im Schloss gab, nach Vollendung des Nordflügels hier einrichtete. Die Wappen Herzog Adolfs und seiner Gemahlin Christine von Hessen und eine Christusfigur in der Gestalt des Retters und Erlösers

Das Portal zur Kapelle mit den Wappen Herzog Adolfs I. und seiner Gemahlin Christine von Hessen

Das Eingangsportal zur Treppenanlage im Nordflügel aus der Zeit Herzog Christian Albrechts

der Menschheit schmücken das Portal. Ein weiteres Portal führt in das Treppenhaus des Nordflügels. Im Giebel dieses Portals halten zwei Löwen eine Kartusche mit dem ineinander verschlungenen Spiegelmonogramm Christian Albrechts.

In der Mitte der Hoffront befindet sich ein kleiner Wandbrunnen, der mit dem Spiegelmonogramm Friedrichs III. oberhalb einer kleinen Felsengrotte geschmückt ist. Ein kupferbeschlagener, hölzerner Delphin ersetzt die ursprünglich an dieser Stelle als Brunnenfigur aufgestellte Löwenskulptur.

Dass der Nordflügel nicht in einem Zug entstand, sondern einen älteren Bau in sich verbirgt, verrät erst ein Blick in die Kellergewölbe. Vermutlich stammt aus mittelalterlicher Zeit ein längsgestreckter Baukörper, der etwa die heutigen mittleren Fensterachsen einnahm. Er hat im Kellerbereich eine einheitliche Tonnenwölbung in Ost-West-Richtung, während die weiteren Kellerbereiche eine andere Einwölbung aufweisen. Das Mauerwerk des Nordflügels aus Backstein mit Zierbändern aus Sandstein war ehemals mit einer dünnen Putzschicht versehen und wie heute weiß gestrichen.

Das Portal zum Treppenturm des Ostflügels aus dem Jahr 1664

Der Brunnen im Hof mit einem wasserspeienden Delphin aus Holz in einer Felsengrotte aus der Zeit Herzog Friedrichs III.

Der Ostflügel

DIE OSTWAND DES HOFES zeigte ursprünglich eine wesentlich reichere Architektur. Dem Flügel waren hofseitig offene Arkadenreihen vorgelegt. Sie bestanden rechts aus Backsteinmauerwerk mit Sandsteinlagen. Auf der nördlichen Hälfte des Flügels waren nur die Erdgeschossarkaden aufgemauert, darüber erhoben sich hölzerne Arkadenöffnungen mit gedrechselten Pfeilern. Sie entstanden ab 1565 beim Wiederaufbau des Ostflügels, nachdem ihn ein Brand zerstört hatte, und prägten bis in das 17. Jahrhundert das Erscheinungsbild des Flügels. Erst bei der Neuerrichtung des barocken Südflügels wurden die Arkaden vermauert. Der Treppenturm und das Sandsteinportal mit dem Wappen Christian Albrechts sowie Trophäenreliefs als Schmuckelemente wurden 1664 errichtet.

Die Hoffassade des Westflügels

DIE NÜCHTERN WIRKENDEN FASSADEN der Süd-, Nord- und Ostwand stehen im Gegensatz zu der des Westflügels. Seine Wirkung wird heute durch den hohen Südflügel beeinträchtigt, der ihn stark verschattet, während der ältere Südflügel deutlich niedriger war und den Westflügel imposanter erscheinen ließ. Die Entstehungszeit des Westflügels fällt in die Regierungszeit Friedrichs I., der seine Hauptresidenz auf Gottorf hatte. Vermutlich hat er nach einem Brand im Jahr 1492 begonnen, das Schloss zu einer behaglicheren Wohnstatt auszubauen, wobei sich die Bauaktivitäten im Wesentlichen auf den Süd- und Westflügel konzentrierten. Mit dem Bau des Westflügels entstand der erste moderne Palastbau auf altdänischem Reichsgebiet im Stil der wohl über die Niederlande vermittelten Frührenaissance.

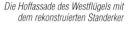

Die Hoffassade des Westflügels mit dem rekonstruierten Standerker

Die Hoffassade des Ostflügels mit dem mittleren Treppenturm

Rekonstruktion des Schlosshofes, Zustand um 1690, die Farbigkeit der Schaufassade des Westflügels entspricht den anlässlich der Restaurierung 1986 gemachten Befunden. Zeichnung: Felix Lühning

Der Bau besteht aus vier nebeneinandergestellten Häusern und zeigt im Grundriss eine klare, großzügige Raumgliederung. Die einstigen parallelen Satteldächer waren mit Schmuckgiebeln zur Hofseite versehen. Der Fensterreichtum, der Reliefschmuck und auch die Materialvielfalt verweisen auf den repräsentativen Charakter des Baus. Die Fassadengliederung zeigt eine Aufteilung mittels flacher Wandvorlagen (Lisenen) in lange, schmale Wandfelder. Die Vertikalität wird zusätzlich durch Relieffelder betont, die die Fenster zu senkrechten Bahnen verbinden. Dreipassbögen und Rundbogenfelder nahmen ehemals Sandsteinreliefs auf; Portraitmedaillons sind noch rechts und links der Fenster im ersten und zweiten Stock erkennbar.

Der Blickfang dieser Fassade ist der Standerker, dessen überlieferte Bezeichnung „Laterne" sicherlich eine Anspielung auf die Vielzahl der Fenster ist. Die Laterne ist über fünf Seiten eines Achtecks errichtet und zeigt eine von Wandfläche nahezu freie Gerüstarchitektur mit balustergeschmückten Eckpfosten. Sie hat eine außergewöhnlich vielfältige ornamentale Ausschmückung, so dass sie wie ein überdimensioniertes Werk der Goldschmiedekunst wirkt. Die Funktion dieser „Pretiose" der Baukunst ist nicht überliefert; vielleicht lagen hier kleine Privatgemächer, die der Herzog in der Art von Studierzimmern nutzte. Die heutige Laterne wurde 1985–1987 auf der Grundlage bauhistorischer Untersuchungen und Grabungen wiedererrichtet, nachdem sie 1871 bei einer Explosion – im Westflügel war während der Kasernenzeit die Waffenwerkstatt untergebracht – zerstört worden war. Viele der Bauteile sind jedoch erhalten geblieben und ermöglichten eine Rekonstruktion unter Verwendung originaler Substanz.

Der Treppenturm in der Nordwestecke des Hofes passt sich der Laterne an, ist aber insgesamt etwas schlichter gehalten. Er gehörte wohl nicht zur Erstkonzeption der Fassade, sondern entstand wenig später unter Christian III. in den 1540er Jahren. Ein entsprechender Treppenturm wird auch in der Südwestecke angenommen, die heutige Treppenanlage wurde im 17. Jahrhundert eingefügt.

Baumaterial aus der Ferne

Das Material der Fassade setzt sich zusammen aus gelblichen Ziegeln im sogenannten Klosterformat sowie Zierelementen aus Werkstein – sowohl seeländischem Kalkstein wie auch Wesersandstein. Am etwas später errichteten Treppenturm und der oberen rechten Wandfläche findet sich zusätzlich grüner norwegischer Talkschiefer und poröser Sandstein für die Reliefs. Import wertvoller Baustoffe, namentlich aus der Oberweserregion, war in Norddeutschland, Dänemark und Holland üblich. Die Oberwesersteine kamen aus dem Raum Bückeburg, also aus der Grafschaft Schaumburg.

Die Farbspurenanalysen der Fassade belegen eine sehr vielfarbige Erscheinung. So waren die Wandvorlagen schwarz, die Wandflächen dazwischen weiß gefasst, wobei die Sandsteinbänder übermalt worden sind. Die Gesimse waren auf der Oberseite schwarz, auf der Vorderkante golden und auf der Unterseite azuritblau gefasst, einem Farbton, der aus gemahlenem Lapislazuli hergestellt wurde und entsprechend kostspielig war. Die figürlichen Darstellungen waren naturalistisch, die Hintergründe der Reliefs schwarz angemalt.

Während den Reliefs mit Profilköpfen nur dekorative Bedeutung zukommt, ließ sich bei den szenischen Relieffeldern ein christliches Bildprogramm belegen. Es handelte sich um Szenen aus der Leidensgeschichte Christi sowie diesen zugeordnete Darstellungen aus dem Alten Testament. Die Darstellungen auf dem Treppenturm gehörten nicht in diesen Zusammenhang, es sind zum einen Personifikationen der christlichen Tugenden gewesen, gearbeitet nach einer 1528/29 datierten Stichfolge des Nürnberger „Kleinmeisters" (so genannt wegen der kleinen Formate der Kupferstiche) Georg Pencz, sowie mythologische Szenen wie Herkules im Kampf mit dem Riesen Anthäus nach einem Stich des Kupferstechers Heinrich Aldegrever von 1529.

Das Schlossinnere

DER RUNDGANG durch das Schlossinnere beginnt im westlichen Teil des Südflügels, den man durch das Hauptportal erreicht. Der Weg führt durch das Erdgeschoss des Südflügels in den Westflügel, von dort in die erste Etage des West- und Nordflügels und dann wiederum in das Erdgeschoss des Ostflügels, der abschließend durchschritten wird.

Die Gotische Halle

IM INNEREN DES WESTLICHEN SÜDFLÜGELS erreicht man zunächst die sogenannte Gotische Halle. Dem heutigen Besucher mag dieser Saal besonders herrschaftlich erscheinen, doch schon aufgrund seiner Lage im Erdgeschoss ist eine repräsentative Funktion nicht anzunehmen. Eher ist zu vermuten, dass es sich um eine Hofstube der Burg handelte, also um einen Raum für das gehobene Dienstpersonal. Sie entstand im Zusammenhang mit den Baumaßnahmen, die Friedrich I. ab 1492 ergriff. Ab 1667, unter Herzog Christian Albrecht, war hier die herzogliche Bibliothek eingerichtet; im Zusammenhang damit erhielt die Gotische Halle eine Ausgestaltung der Gewölberippen und Zwickel mit goldenen Lorbeerranken bzw. rötlich aufgemalten Tierkreis- und Planetenzeichen, die dem Ordnungssystem der Bücher dienten.

Die Gotische Halle ist ein neun Joche langer und zwei Joche breiter Saal mit Rippengewölben, die von einer Säulenreihe sowie polygonalen Wandkonsolen getragen werden. Der einheitlich wirkende Raum steht in baulichem Zusammenhang mit dem darunter befindlichen Keller und weist keinerlei ältere mittelalterliche Befunde auf, zumal die Gewölbe erst ab 1492, eher um 1500 entstanden sind. Der Keller ist mit einer Tonnenwölbung versehen, in die nachträglich eine Säulenreihe eingestellt wurde, um die Säulen der Gotischen Halle, die auf dem Scheitel der Kellerwölbung aufsitzen, abzustützen. Eine westliche Erweiterung des Kellers um zwei Joche steht im direkten Zusammenhang mit der Errichtung und Einwölbung der Gotischen Halle, denn im Gegensatz zu den eingestellten Kellerpfeilern ist die letzte und vorletzte Säule durch die Tonne durchgemauert und wird von der Kellerwölbung umschlossen.

Diese und andere kleinere Unregelmäßigkeiten im Erscheinungsbild der Gotischen Halle lassen auf insgesamt fünf sehr eng aufeinanderfolgende Bauabschnitte sowie gravierende Veränderungen bei der Errichtung des neuen Südflügels schließen. Zu letzterem gehört die Anpassung der alten Jocheinteilung der Halle an die Fassadengliederung des neuen Südflügels. Die klare Reihung der Fensterachsen am Außenbau erforderte im Inneren zum Teil stark verzogene Fenstereinschnitte, um beides in Korrespondenz zueinander zu bringen und nicht die Statik der Gewölbe zu beeinträchtigen. Eines der Fenster wurde als Blindfenster gestaltet, da es genau im Konsolbereich zweier Joche liegt.

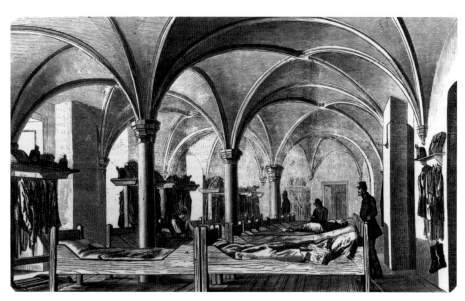

Darstellung der Gotischen Halle während der Kasernenzeit des Schlosses

Die sogenannte Gotische Halle mit der mittigen Pfeilerreihe und den Kreuzgratgewölben

An der östlichen Schmalseite der Gotischen Halle fehlen die Konsolen; eine vermauerte Säule im Keller verrät, dass die Halle bis zum Umbau direkt bis an die Tordurchfahrt reichte, aber mit der Errichtung des breiten Eingangsturmes um ein Joch verkürzt wurde.

Die schmale Westwand der Halle war ursprünglich eine Außenwand mit einer Stärke von über 2,10 m, wie sie beim Durchschreiten des Ganges zum nächsten Raum noch nachzuvollziehen ist. Die auffällige Aufsplitterung der Gewölberippen im letzten Jochpaar hängt mit einem ehemals in der Mitte der Wand befindlichen, großen Fenster zusammen. Es hatte mehrere Abstufungen und Sitznischen. Die Backsteinwand wies an der Außenseite mehrere Zierstreifen auf, die vermutlich aus Sandstein bestanden, aber nachträglich wieder ausgebrochen wurden, um das teure Material erneut zu verwenden. Die Mächtigkeit und der Verlauf dieser Außenwand gehen vermutlich auf die mittelalterliche Ringmauer zurück. Die kaum verwitterte Oberfläche der Außenmauer lässt darauf schließen, dass diese nur wenige Jahre frei stand.

Der Westflügel

DER WESTFLÜGEL ENTSTAND als selbständiges Bauwerk bald nach dem alten Südflügel. Erst kurz darauf wurde der verbindende südwestliche Eckraum des Südflügels eingefügt, wobei man für diesen Bereich eine Entstehung unter Christian III. annimmt. Der vom Schlosshof aus bereits beschriebene Westflügel zeigt sich im Grundriss als kompakter Block von außergewöhnlicher Größe, an dem sich der Einfluss französischer Schlossbaukunst mit der Einrichtung bequemer Wohneinheiten, den Appartements, zeigt. Dieses und die für jene Zeit moderne, reich geschmückte Schaufront zum Hof deuten auf einen königlichen Wohnpalast mit entsprechendem Repräsentationsanspruch. Er wurde von Friedrich I. bis zu seinem Tode 1533 errichtet und von seinem Nachfolger Christian III. vollendet.

Der ursprüngliche Grundriss ist durch die heutige Grundstruktur des Westflügels verunklärt: Er bestand aus vier Häusern. Die beiden mittleren Häuser beherbergten jeweils einen großen Raum pro Geschoss, dessen Gewölbe von einem mittig

Der Doppelhaustyp

Im heutigen Ostflügel und in der Gotischen Halle lassen sich die einstigen Ausmaße eines spätmittelalterlichen Baues ausmachen. Bedingt durch die natürlich begrenzte Länge des Bauholzes war es nicht möglich, Gebäude mit einer Breite, die etwa 12 m überschritt, zu errichten. Die Dimensionen waren also abhängig von dem verfügbaren Bauholz, zumeist Eichenholz. Eine Weiterentwicklung erfolgte durch den Typ des sogenannten Doppelhauses: zwei an den Längsseiten aneinander gesetzte Häuser bildeten einen geschlossenen Baublock. Statt eines weit gespannten Dachstuhles errichtete man zwei parallele Satteldächer mit Giebeln an den Schmalseiten. Diesem Haustyp entsprach der Westflügel des Schlosses, hier jedoch noch erweitert auf insgesamt vier aneinandergefügte Häuser. Im Inneren bot dieser Haustyp statt einer einfachen Reihung von Räumlichkeiten eine größere Variationsbreite in der Anlage der Räume. Das Schloss zu Glücksburg (1582/87) und die Herrenhäuser Nütschau (1577/78) und Wensin (1642) sind erhaltene Beispiele des Doppelhaustyps in Schleswig-Holstein.

platzierten Pfeiler aufgefangen wurden. Durch nachträglich eingebaute Wände wurden diese Räume später unterteilt. Links und rechts der mittleren tragenden Mauer befanden sich Durchgänge zur Laterne. An der Innenwand jedes Geschosses der Laterne befand sich jeweils ein Kamin zur Beheizung der kleinen hellen Erkerräume.

Die beiden äußeren Häuser des neuen Flügels, die etwas kleiner ausfielen, dienten dem Anschluss an die umliegenden Flügel, wurden aber beim weiteren Ausbau der Residenz in ihrer Erscheinung verändert. Um in den anschließenden, tiefer liegenden nördlichen Raum zu gelangen, muss man einige Treppenstufen hinabsteigen. Das tiefere Bodenniveau ist ein Indiz dafür, dass der Eckraum erst nachträglich zwischen Westflügel und Eckturm eingefügt wurde.

Der Eckturm an der Nordwestecke des Schlosses war ursprünglich freistehend und konnte dadurch die Flanken des Schlosses sichern. Auch die nach Osten anschließenden Räume des Nordflügels liegen auf einem tieferen Niveau. Bei Errichtung des Nordflügels musste der Westflügel östlich um ein Stück gekürzt worden sein, wie ein Blick auf den Grundriss veranschaulicht.

In der Laterne befindet sich in jedem Stockwerk jeweils nur ein kleiner Raum

Die Küche im Nordflügel mit dem mächtigen Abzug

Die Schlossküche

DIE SCHLOSSKÜCHE ist durch einen mächtigen Abzug als solche zu erkennen, zusätzlich wurde ein Anbau, zu dem ein heute vermauerter, gefliester Durchbruch führte, als Küche genutzt. Weitere Kochstellen dienten bei Festlichkeiten als Reserveküchen, doch auch an normalen Tagen wurden große Mengen an Speisen zubereitet. Ende des 16. Jahrhunderts wurden über 400 Personen auf dem Schloss verköstigt, denn die tägliche Kost war noch Teil der Entlohnung. Insgesamt umfasste der Küchenbereich mit Holzplatz, Zuckerkammer, Backstube, Fleisch- und Butterkammer usw. den gesamten nordwestlichen Erdgeschossbereich des Schlosses.

Das erste Obergeschoss

UM IN DAS ERSTE OBERGESCHOSS zu gelangen wurde ehemals der Treppenturm in der Ecke des Schlosshofes genutzt. Heute dient dazu ein Treppenaufgang aus jüngerer Zeit, der unmittelbar neben dem Treppenturm eingefügt wurde.

Der sich links anschließende Schlossbereich ist besonders verunklärt, weil sich hier das erste Vollgeschoss des Westflügels an das Halb- bzw. Mezzaningeschoss des Südflügels anschließt. Wie sich dieser Bereich vor dem Neubau des Südflügels zeigte, ist anhand archivalischer Quellen gut belegt. An dieser Stelle waren die herzoglichen Wohnräume lokalisiert, von denen sich nur der erste mit Stuck ausgestattete Raum, der heutige Saal Friedrichs III., erhalten hat. Die Stuckaturen aus einem Netzwerk geometrisch geschnittener Felder mit Frucht- und Blumengehängen waren ursprünglich in naturalistischen Farben gehalten. Diesem Raum schlossen sich ein Privatgemach und der sogenannte Lange Tanzsaal an. Er lag oberhalb der Gotischen Halle und wird in seinen Ausmaßen denen der Gotischen Halle entsprochen haben.

Die Ausstattung dieser aus drei Räumen bestehenden, repräsentativen Suite mit Stuckaturen konnte in das Jahr 1625 datiert werden: Laut einer Rentekammerrechnung hat der Stuckateur Hans Georg Ritteln in diesem Jahr den Langen

Der Saal Friedrichs III.

Saal sowie die im Anschluss liegenden Gemächer Friedrichs III. stuckiert. Auf diese Räume kommt Caspar Danckwerth 1652 in seiner „Newen Landesbeschreibung" ausdrücklich zu sprechen, wenn er berichtet, dass „S F Durchl nicht allein alles, was nothwendig gewesen, repariren, besondern auch fast alle Gemächer, inbesonderheit aber jhr eigen Gemach, Cabinet und den schönen langen Tanzsaal herrlich außzieren und nach und nach vollkomblich meubliren lassen, wie solches alles itzo in seinem Wesen steht, und von Fremb-den mit Lust besehen wird". Anstelle des Langen Tanzsaales gelangt man heute in das Mezzanin-geschoss des barocken Südflügels mit seinen niedrigen Decken und runden Fenstern.

Der Nordflügel

NUR IM NORDFLÜGEL haben sich Räume aus der herzoglichen Zeit erhalten, darunter eine Raum-folge mit Stuckdecken, die Kapelle und der soge-nannte Hirschsaal. Der Nordflügel entstand unter Einbeziehung des älteren Vorgängerbaues als dreigeschossiger Backsteinbau mit einer klaren Raumgliederung aus zwei Reihen nahezu quadra-tischer Räume. Die dicke Mauer, die den Nord-flügel von Ost nach West durchteilt, ist besonders auffällig. Diese Mauer ist die ehemalige nördliche Ringmauer der alten Burganlage. Vermutlich ent-stand sie bereits als Teil der Wehrmauer unter Erik I. oder Waldemar IV. An diese wurde feld- bzw.

Saal im Nordflügel mit erhaltenen Stuckaturen

Gewölbe im Blauen Saal, Darstellung einer Phantasiestadt

Da archivalische Quellen aus dieser Zeit fehlen, könnte man sie aufgrund dieses stilkritischen Vergleiches Ritteln zuschreiben. Dass Hans Georg Ritteln eine durchaus namhafte Künstlerpersönlichkeit war, belegt seine Tätigkeit in den dänischen Königsschlössern Frederiksborg und Rosenborg im Jahr 1632 bzw. 1633–1636 im Kopenhagener Stadtschloss.

Von den einstigen Kaminen im Schloss ist jener im Blauen Saal einer der wenigen, der erhalten ist. Die Kaminwangen im Knorpelstil mit der Darstellung von Kriegerhermen werden dem seit 1640/41 in Schleswig tätigen Bildhauer Cornelis van Mander zugeschrieben.

Der Reichtum der Ausstattung in dieser Raumfolge spricht für ihre Nutzung. Laut verschiedener Inventare wurden sie überwiegend von Gästen oder Angehörigen des Herzogs bewohnt. Die Räume vermitteln uns eine Vorstellung von der einstigen festen Ausstattung der oberen Geschosse, die durch Mobiliar, Wandteppiche

hofseitig jeweils eine Raumschicht angebaut; alle Türen und Öffnungen in der Mauer sind nachweislich nachträglich eingebrochen worden. Oberhalb der Küchenräume liegen die mit Stuck verzierten Räume, deren Dekoration sich in ihrem Charakter stark voneinander unterscheiden, jedoch nicht in ihrer künstlerischen Handschrift. Der erste Raum weist neben einem relativ schlichten Leistenwerk Rosetten und Fruchtbündel auf. Der östlich anschließende Raum ist prächtiger gestaltet. In der Dekoration der Decke fügen sich Elemente wie Masken, Diamanten, Muscheln sowie Rosetten und Fruchtbündel ein. Der dritte Raum zeigt heute eine in Weiß auf blauem Grund gehaltene Stuckdekoration, deren Farbigkeit jedoch nicht ursprünglich ist. Vermutlich war auch diese Decke in naturalistischen Farben gefasst. Neben rahmendem Knorpelwerk und ovalen Feldern mit prächtigen Fruchtbündeln sind die Silhouetten von Phantasiestädten dargestellt.

Ein stilistischer Vergleich mit den erhaltenen Stuckaturen im Saal Friedrichs III. verrät die Nähe zu dieser Decke. Trotz der Unterschiede zeigt die Ausformung der Details, dass diese Stuckaturen ähnlich zu datieren sind.

Der Kamin von Cornelis van Mander im Blauen Saal

Der Blaue Saal

oder Ledertapeten und Gemälde ergänzt wurde. Schriftliche Quellen geben uns über geschnitzte Portale und Portalbekrönungen für herzogliche Gemächer Auskunft. So war die Tür zur Bibliothek „mit allerhand Schnitzarbeit geziert, an jeder Seiten der Tür ist von Holz eine Seule, unten mit ein postement, und oben mit gehorigen Hauptgesims gezieret." Der Alkoven im herzoglichen Schlafgemach war „überall vorne mit bildhauerarbeit geziret und verguldet, über den Bogen befindet sich von Bildhauerarbeit kleine Kindergen welche einen Schild halten, alles vergüldet."

Die Kapelle

DIE KAPELLE HAT UNVERÄNDERT die Jahrhunderte überstanden, da sie ohne Unterbrechung bis in heutige Zeit für Gottesdienste genutzt wurde. Wo sich der archivalisch nachgewiesene Vorgänger der Kapelle befand, lässt sich zum gegenwärtigen Zeitpunkt der Forschung nicht sagen. Für die jetzige Kapelle wurde nach Fertigstellung des Nordflügels durch Entfernung der geschossteilenden Decke sowie Durchbrechen der mächtigen Ringmauer dieser Saal geschaffen. Die Reste der Ringmauer sind in der linken und rechten Raummitte als breite Wandvorlagen auszumachen.

Der Schnitzer Heinrich Kreienberg stattete die Kapelle 1590–1593 nach dem Vorbild der Kapelle des Sonderborger Schlosses auf Alsen in Dänemark aus. Eine umlaufende Empore war der herzoglichen Familie und dem Hofstaat vorbehalten, während die Gemeinde im Erdgeschoss am Gottesdienst teilnahm. Zunächst umlief die Empore nur dreiseitig den Raum, die Nordwand der Kapelle blieb frei. Trotz individueller Ausarbeitung ist der Gesamteindruck der einzelnen Dekorationen sehr ähnlich. Sie gehen auf Ornamentvorlagen von Hans Vredeman de Vries zurück.

Die Emporenbilder wurden ebenfalls 1590 bei dem Maler Marten van Achten in Auftrag gegeben. Der 28 Bilder umfassende Gemäldezyklus zeigt das Leben Jesu, wobei sich van Achten niederländischer Stichvorlagen von Hendrik Goltzius und den Brüdern Ä. und J. Sadeler bediente. Unterhalb der Bilder befinden sich Bibelzitate in deutscher Sprache, die die bildlichen Darstellungen benennen oder interpretieren.

Der Prospekt der Renaissanceorgel war 1567 – noch für die alte Kapelle – von dem Husumer Bildschnitzer Johann von Groningen gefertigt worden, der seit den 1560er Jahren für den Gottorfer Hof tätig war. Die Orgel erhielt in der neuen Kapelle am südlichen Ende der Empore ihre Aufstellung.

Die auffälligste Einrichtung der Kapelle ist der sogenannte Fürstenstuhl, der 1609–1613 oberhalb des Altarbereiches eingebaut wurde. Diese der Empore angeschlossene, kleine beheizbare Betstube ist gegenüber dem Gemeinderaum mit

Das Renaissance-Gehäuse der Orgel

einer reich geschmückten Fassade versehen. Sie wirkt wie eine Schaufront, die den Herzog gegenüber der Gemeinde repräsentiert. So finden sich in der Mitte der Fassade, eingebunden in die Dekoration, die Wappen des Herzogpaares. Die vollplastische Darstellung der Wappentiere, der bekrönte Schwan und der goldene Löwe, weibliche Gestalten als Personifizierungen der Tugenden und Putti bereichern die Ornamentik der Schaufront.

Im Gegensatz zu dieser farbenfrohen Fassade steht der behagliche Innenraum der Betstube. Die Schöpfer der Betstube waren die Hoftischler Andreas Salgen und Jürgen Gower. Gower arbeitete vermutlich unter der Leitung von Salgen an der Betstube und übernahm nach dessen Tod 1612 die Vollendung der Arbeit. Der einheitliche Gesamteindruck des Raumes lässt vermuten, dass

Kanzel und Empore in der Kapelle

Die unter Herzog Johann Adolf eingerichtete Kapelle im Nordflügel des Schlosses mit Blick auf den sogenannten Bet- oder Fürstenstuhl

Salgens Gesamtplanung von Gower weiter verfolgt wurde, nur die Türblätter zeigen durch die Steigerung der plastischen Mittel eine andere Handschrift und sind als eigenständiges Werk

Gowers anzusehen. Sämtliche Wand- und Deckenbereiche der Betstube sind mit naturfarbenen Hölzern verkleidet, die mit kleinteiligen Marketerie- und Intarsienarbeiten sowie Schnitzwerk

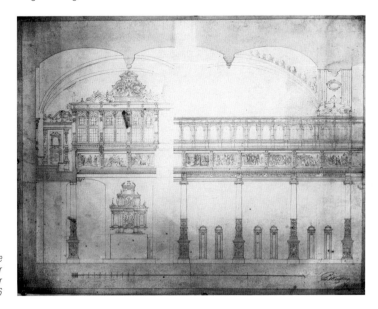

Zeichnung der Kapelle mit der Schaufront der Betstube und einer Emporenseite, 1856

Der Betstuhl

F. E. Lund, Inneres des Betstuhls, Holzschnitt von 1861

Der Ebenholz-Silberaltar von 1666/67

versehen sind. Diese Ornamentik zeigt kaum christliche Motive, nur ein ovales Intarsienbild in der kassettierten Decke zeigt die Darstellung der Auferstehung Christi. In ihrer Vielfalt wirken die Dekorationen der Betstube und der Kapelle wie ein Musterbuch der Renaissance-Ornamentik. Der von dem Hamburger Goldschmied Hanß Lamprecht gefertigte Altar besteht aus einem Aufbau aus Ebenholz, in den Reliefs aus Silber eingefügt sind. Die beiden Hauptreliefs zeigen die Kreuzigung sowie die Auferstehung Christi; in den Nischen befanden sich ursprünglich vollplastische Figuren. Der Altar gelangte unter Herzog Christian Albrecht 1666/67 in die Schlosskapelle; bei der Bestellung mag der Herzog die Ebenholz-Silber-Altäre der Schlösser zu Frederiksborg bzw. Husum vor Augen gehabt haben, die bereits 1606 bzw. 1620 gefertigt wurden.

Der Hirschsaal

Der Hirschsaal

NEBEN DER KAPELLE liegt der sogenannte Hirschsaal, der seine heutige Erscheinung weitgehend einer Restaurierung in den Jahren 1929–1931 verdankt. Das Bodenniveau wurde dabei um ca. 40 cm angehoben, auch der Steinbelag entspricht nicht der ursprünglichen Ausstattung. Vermutlich war dieser Saal mit farbig glasierten Fliesen, den bereits erwähnten Astracken, ausgelegt.
Die untere Zone der Saalwand ist von einer stilisierten Vorhangmalerei bedeckt, deren oberer Abschluss unter einer Leiste verborgen ist. Die Bezeichnung des Saales bezieht sich auf die Dekoration in den Wandfeldern unterhalb des Gewölbes. Vor einer Landschaftsmalerei befindet sich vollplastisch gearbeitetes Wild, wobei das größte und einzige original erhaltene Tier, der Hirsch oberhalb des Kamins, mit einem 24-endigen Geweih ausgestattet ist. Sämtliche weiteren Tiere sind aufgrund der erhaltenen Umrisse bei der Restaurierung geschaffen worden.

Die Jagd

Die Jagd war die bevorzugte Beschäftigung der herrschaftlichen Gesellschaft: Status-
symbol, „Sport" des Adels, privilegierte Nahrungsbeschaffung. Fleisch stand nämlich
der einfachen Bevölkerung im Gegensatz zum Adel nur ausnahmsweise zur Verfügung.
Jagd war das Vorrecht des Adels: der jagende Bauer war ein Wilderer, der jagende
Adlige übte sein Recht aus. Daher zeigte man auch gerne seine Jagderfolge, indem das
Schloss mit den Trophäen der Jagd ausgestattet wurde.
Die Gottorfer Herzöge besaßen mehrere Tiergärten, in denen Großwild gehalten wurde.
Dieses Wild wurde durch Auslegen von Heu und Hafer gepflegt, außerdem wurden
Fasane und Rebhühner für die Jagd ausgesetzt. Der Schleswiger Tiergarten ist noch
heute als ausgedehntes Waldgebiet erhalten; die Nordfenster des Hirschsaales geben
den Blick auf ihn frei. Im 7 km entfernten Bollingstedt hatten die Herzöge einen Jäger-
hof mit umfangreichen Ländereien, außerdem wurde das herzogliche Schloss Reinbek
bei Hamburg einmal im Jahr für einen längeren Jagdaufenthalt genutzt. Im dortigen
Sachsenwald wurde mit Vorliebe die Parforcejagd betrieben, die Hetzjagd zu Pferde mit
ausgebildeten Hunden, so dass die Herzöge auch Hundemeuten sowie einen Stab
spezialisierter Jäger und Wildschützen unterhielten.

Es wäre durchaus möglich, dass auch die kleine-
ren Tiere ursprünglich mit Geweihen versehen
waren. Die Inschrift in der Rollwerkkartusche
oberhalb des Hirschs gibt Auskunft über Zeit und
Ort eines herausragenden Jagderfolges: „Dieses
Wild wurde geschlagen auff der Ossenfelder
Heide vor dem holen Wege den
18. August im Jahre anno 1595."
Ein derartig auf das Thema Jagd bezogener Raum
wie der Hirschsaal auf Schloss Gottorf ist keine
singuläre Erscheinung gewesen. So sind zeitgleich
entstandene Hirschsäle u.a. für die dänischen
Schlösser Frederiksborg und Kronborg überliefert,
erhalten hat sich ein Saal mit Jagddarstellungen
im Schloss Güstrow in Mecklenburg.
Die in Weiß auf schwarzem Grund gehaltene
Gewölbemalerei des Saales wirkt wie eine über-
dimensionale Graphik, deren Motive sich im
Wesentlichen aus Schweif- und Rollwerk zusam-
mensetzen, bereichert mit grotesken Figuren,
Maskarons und Rankenwerk. Nur die tragenden
Gewölbe- und Nischenbögen sind mit farbig aus-
geführten Groteskenornamenten ausgefüllt. Ovale
Felder mit szenischen Darstellungen zeigen Folter-
und Tötungsszenen, wobei die Grausamkeit des

Dargestellten keinen falschen Eindruck erwecken
darf: Es geht nicht um eine Verherrlichung der
grausamen Taten, sondern um einen Tugendkata-
log, in dem antike römische Helden als morali-
sche Vorbilder vor Augen geführt werden. Einer-
seits sind es Personen, die bereit sind, ihr Leben
für Rom zu lassen, andererseits Verräter, die ihre
gerechte Strafe erhalten. Als Vorlage dienten
Holzschnitte des Nürnbergers Jost Amman, die
1568 in einer Übersetzung von Titus Livius römi-
scher Geschichte veröffentlicht wurden. Ein Exem-
plar dieser Veröffentlichung befand sich in der
Gottorfer Bibliothek.
Auf die Nutzung des Hirschsaales als Festsaal verweisen zwei bauliche Eigentümlichkeiten. Eine
heute verschlossene Abseite an der Ostseite liegt
ein wenig höher als der Saal und ist von diesem
durch eine Balustrade abgetrennt. Laut einem
Bauinventar aus dem frühen 18. Jahrhundert
lagerten hier Bier und Wein, die zu den Mahlzei-
ten ausgeschenkt wurden. In einer Fensternische
zum Hof zeigt sich in den Resten der Deckenmalerei eine Gruppe musizierender Engel. Die
Fensternische gehört zu einem ehemals vorhandenen Erker, der auf verschiedenen frühen

Die Deckenmalerei im Hirschsaal

Schlossdarstellungen noch erkennbar ist und der als Stellplatz für die Musikanten diente.

Östlich des Hirschsaales befindet sich ein Treppenhaus mit bequemen Umkehrpodesten. Die für die Treppe verwendeten Hölzer konnten dendrochronologisch in die Jahre 1584/85 datiert werden, das Treppenhaus gehört also in die Gesamtkonzeption des heutigen Nordflügels.

Treppen und Korridore

Bis in das 16. Jahrhundert dienten Treppentürme der Erschließung des Schlosses in vertikaler Richtung. Sie befanden sich außerhalb des eigentlichen Baukörpers, waren jedoch aus Sicherheitsgründen bei mehrflügeligen Anlagen auf der Hofseite errichtet. Im Schloss Gottorf hat sich nur ein Treppenturm in seiner ursprünglichen Erscheinung in der Nord-Westecke des Hofes erhalten. In seinem Inneren befindet sich eine Wendeltreppe aus Sandstein, über die man bis in das Dachgeschoss des Westflügels gelangte. In horizontaler Richtung erfolgte die Erschließung der einzelnen Räume nacheinander, d.h. man musste, um von einem Ende des Gebäudes zum anderen zu gelangen, sämtliche Räume passieren. Eine erste moderne Anlage entstand durch den Bau des Schachttreppenhauses 1585 im Inneren des Nordflügels. Sie bot erheblich mehr Bewegungsfreiheit. Dieser aus der italienischen Architektur entnommene, moderne Treppentypus löste die bisher üblichen, engen Wendeltreppen ab. Gerade Treppenläufe mit Umkehrpodesten zwischen den einzelnen Geschossen ermöglichten eine sehr viel komfortablere Verbindung der einzelnen Geschosse untereinander.

Erst mit der Errichtung des barocken Südflügels wurde durch die Einführung von Korridoren und großzügigen Treppenanlagen eine deutliche Steigerung des Wohnkomforts erreicht, da die Räume nun einzeln vom Korridor betreten werden konnten.

Die Treppe führt auch in die oberen Geschosse des Nordflügels. Hier haben sich Holzdecken aus der Erbauungszeit des Nordflügels erhalten, die mit reicher Rankenornamentik bemalt sind. Besonders interessant ist die Bemalung im mittleren nördlichen Raum. Neben einer typischen Dekoration des zweiten Viertels des 17. Jahrhunderts befinden sich Bildfelder mit Halbporträts von zeitgenössischen sowie orientalisch gekleideten Personen auf den Füllbrettern. Vermutlich ist die Entstehung dieser Bilder im Zusammenhang mit einer Expedition nach Persien zu sehen, die Herzog Friedrich III. 1633 entsandte, um Handelsbeziehungen anzuknüpfen. Der Gesandtschaftssekretär und Hofge-

Deckenmalerei im Nordflügel, sogenannte Persianische Decke

lehrte Adam Olearius hielt diese Expedition in einer Reisebeschreibung fest. Die Darstellungen und Beschreibungen der orientalischen Tracht in dieser Reisebeschreibung dienten vermutlich als Vorbilder für die Deckenmalereien. Weitere Räume im Nordosten des Schlosses haben ihre ursprüngliche Größe und Durchfensterung erhalten, ihre Ausstattung ist jedoch im Wesentlichen von der Museumsnutzung bestimmt.

Dem Treppenhaus schließt sich einer der wenigen mittelalterlichen Räume des Schlosses an. Es ist ein schmaler, durch die Einwölbung in drei Joche unterteilter Raum, der im gleichen Ausmaß unterkellert ist. Ein heute vermauertes, mit Viertelstäben profiliertes und zweifach gestuftes Portal der Zeit um 1300 führte im mittleren Joch in einen östlich anschließenden Raum. Da die Wand mit dem Portal sowohl an die Nordwand wie auch an die hofseitige Südwand nachträglich angesetzt ist, müssen diese beiden zum älteren Kernbau des Nordflügels gehören. Die Einwölbung nimmt dagegen Rücksicht auf das um 1300 entstandene Portal. Durch die Einbeziehung der älteren Bauteile in den heutigen Nordflügel ergibt sich zwischen der Raumreihe

oben: Repräsentativer Raum in der Nordostecke des Schlosses
unten: Der kleine mittelalterliche Raum in Nordflügel

nördlich und der südlich der alten Ringmauer eine Niveauverschiebung, die sich auch in den oberen Etagen beobachten lässt.

Das mittelalterliche Steinhaus im Ostflügel

DURCH DEN KLEINEN GEWÖLBTEN RAUM gelangt man in das Erdgeschoss des Nordflügels und anschließend in den Ostflügel. Der hier liegende Raum zeichnet sich durch eine bauliche Besonderheit aus: Er ist der einzige nicht unterkellerte Raum des gesamten Schlosses. Archäologische Untersuchungen haben zu Tage gebracht, dass sich in diesem Schlossbereich während der bischöflichen Zeit, also dem 13. Jahrhundert, ein Steingebäude befand. Die unterschiedlich hohen Ziegelmauerreste ruhen auf einem Feldsteinfundament und stehen in keinerlei Verbindung mit dem heutigen Bau. Die geringe Stärke der Mauer ließe vermuten, dass es sich eventuell um die innere Wand eines Schalmauerwerks handelte. In der Nordwestecke des Raumes fanden sich Überreste einer sogenannten Hypokaustenanlage, einer mittelalterlichen Warmluftheizung, die als kompakter Block im Raum stand. Bei einer solchen Anlage wurde innerhalb eines kleinen, geschlossenen Raumes ein Feuer entfacht, das eine darüber liegende, aber räumlich getrennte Steinpackung erhitzte. Die von den

Heutige Nische im Ostflügel, ehemals eine mittelalterliche Arkadenöffnung zur Hofseite.
Als die heutige Fassade nach 1565 vor die mittelalterliche Arkadenfront gelegt wurde, verschloss man die Öffnungen mit Fensterflächen

Steinen erhitzte Luft strömte dann durch eigens zu diesem Zweck eingefügte Löcher in den zu erwärmenden Raum. Mit Hilfe einer solchen Anlage konnte also geheizt werden, ohne dass ein offenes Feuer oder der Rauch störten. Der Zutritt zur Feuerstelle dieser Anlage erfolgte von Außen, beheizt wurden damit die darüber befindlichen Räume.

Die Forschungsergebnisse lassen vermuten, dass es sich bei diesem Bereich um einen tief liegenden Raum von geringer Höhe gehandelt hat, der ein Obergeschoss mit Wohn- oder Repräsentationszwecken trug, eventuell ein Wohnturm, wie er für eine Burganlage zu vermuten ist. Starke Verwerfungen und Risse im Mauerwerk weisen darauf hin, dass dieser Bau einzustürzen drohte oder sogar tatsächlich einstürzte, da der Baugrund hier sehr instabil war.

Der Ostflügel

DER FLÜGEL WEIST NOCH HEUTE am ehesten die Ausmaße eines mittelalterlichen Hauses auf; seine älteste Bauphase ist vermutlich noch in die Zeit Christians I. (Mitte 15. Jahrhundert), spätestens in die Friedrichs I. zu setzen. Bereits der mittelalterliche Ostflügel hatte zum Hof hin eine offene Arkadenreihe aus sechs Bögen, ein Motiv, das später erneut aufgegriffen wurde. Die frühe, repräsentative Arkadenarchitektur ist im heutigen Bestand in einer Art Nischenbildung auf der inneren Hofseite des Flügels abzulesen.

Das Erdgeschoss des Ostflügels war mit Gewölben, die auf einer Pfeilerreihe ruhten, ausgestattet; der weitere Baubefund weist auf eine vierteilige Kreuzwölbung ähnlich der in der Gotischen Halle hin. Die Außenmauer des Flügels ist als Teil der ehemaligen Ringmauer identifiziert worden. Die Fenster dieser Außenwand waren ursprünglich nur kleinformatig und unregelmäßig. Die Nordwand des Ostflügels war einst eine Außenmauer, die vermutlich beim Wiederaufbau des Ostflügels im Anschluss an den Brand in der Neujahrsnacht 1564/65 entstand und zwei, eventuell drei gleichmäßig verteilte und mit einer Breite von knapp 1,50 m recht große Fenster hatte.

Gleichzeitig mit der Entstehung der durchfensterten Nordwand erhielt der Ostflügel die erwähnte, der alten Hoffassade vorgeblendete zweite Arkadenfassade. Diese rege Bautätigkeit in den Jahren 1565–1568 unter Herzog Adolf ging vermutlich mit einer Neugestaltung im Inneren des Ostflügels einher. Die Errichtung des Treppenturmes erfolgte unter Herzog Christian Albrecht, 1664, also hundert Jahre später.

Der Ostflügel erstreckte sich ursprünglich weiter bis in den Bereich des heutigen barocken Südflügels. Unter dem Fundament

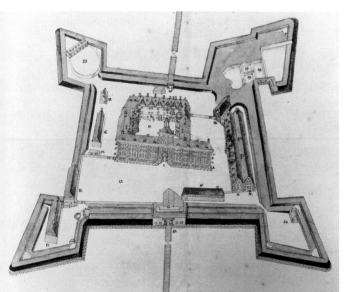

Kopie nach einer Zeichnung von Rudolf Matthias Dallin (1680–1743), Plan der Gottorfer Residenz, Ausschnitt: Darstellung des vollendeten barocken Südflügels, den Nebengebäuden auf der Schlossinsel sowie den Bastionen

Rekonstruktion der herzoglichen Residenz um 1650, also vor den Baumaßnahmen, die Herzog Friedrich III. vornehmen ließ; als Grundlage diente eine Darstellung auf dem Zifferblatt einer 1639 entstandenen Uhr. Zeichnung: Felix Lühning

des Korridors im Südflügel fanden sich Reste einer mittelalterlichen Wand. Möglicherweise reichte er sogar bis zur heutigen Außenmauer des Südflügels und fand dann seine Fortsetzung in einer südlichen Ringmauer. Bei der Errichtung des barocken Südflügels wurde der im Ansatz bereits eingerissene Ostflügel wieder soweit ergänzt, dass die Baulücke geschlossen war.

Die Nebengebäude auf der Schlossinsel

ÄLTERE DARSTELLUNGEN ZEIGEN, dass der Zugang zur Schlossinsel über einen auf Steinstützen ruhenden Holzsteg mit Zugbrücken auf ein repräsentatives Torhaus zu führte. Das Torhaus war von drei nach Süden ausgerichteten,

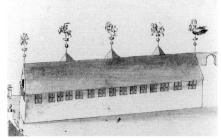

Gottorf aus der Vogelschau, lavierte Federzeichnung, um 1697, Ausschnitt; links: der Bärenzwinger auf der nordwestlichen Bastion, vom Flachdach des Gebäudes konnte das Publikum die Tierkämpfe verfolgen.
Oben: Der herzogliche Marstall mit den Wappentieren als Windfahnen

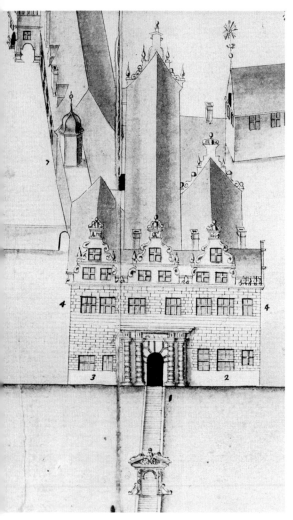

Gottorf aus der Vogelschau, lavierte Federzeichnung, um 1697, eine hölzerne Brücke führte über den Burggraben auf das repräsentative Torhaus der Schlossinsel

haus. Es diente dem damals beliebten Federballspiel, bis es ab 1750 zu einem Theater umgebaut wurde. Mit der Schleifung der Befestigungsanlagen 1842–1848, bei der die anfallenden Erdmassen die Schlossinsel erheblich vergrößerten, wurde auch das Ballhaus abgerissen.

Auf der nordwestlichen Bastion der Schlossinsel befand sich ein kreisförmig angelegter Zwinger, der dem im 17. und 18. Jahrhundert beliebten Schauspiel der Tierkämpfe – zumeist handelte es sich um Kämpfe zwischen Bären und Wölfen – diente. Das eigentliche Gebäude für die Tiere, das sogenannte „Bärenloch", war in das Rund aus Plankwerk eingefügt. Dieses Backsteingebäude hatte ein Flachdach mit umrahmenden Balustraden und wurde gleichzeitig als Zuschauertribüne genutzt.

Der fürstliche Marstall lag östlich vom Torhaus. Der schlichte lange Backsteinbau mit kleinen Zwerchgiebeln zur Nordseite hatte besonders auffällig gestaltete Windfahnen in der Gestalt der Gottorfer Wappenelemente wie Schwan, Löwe, Reiter und Nesselblatt. Während der herzoglichen Zeit waren ca. 125 Pferde auf der Schlossinsel untergebracht. Die Pferde höhergestellter Hofbediensteter befanden sich nicht auf der Schlossinsel, sondern waren im sogenannten Herrenstall, der sich auf dem Festland gegenüber vom Schloss befand, aufgestallt.

Nah am östlichen Wall befand sich ein langes Doppelgebäude, das sich fast über die gesamte Ostflanke der Schlossinsel erstreckte und mehrere Zwecke erfüllte. Es wurde zum Teil als Baumagazin, Wagenremise und als Zeughaus genutzt; ein großer Erdgeschossbereich diente als Reithaus. Auf den Dachböden des Doppelgebäudes lagerte man Getreide, zu dessen Lüftung die Dachfläche mit zahlreichen Gauben besetzt war.

geschweiften und mit Obelisken geschmückten Giebeln bekrönt. Hier war die herzogliche Kanzlei untergebracht. Nordwestlich schloss sich ein Gebäude mit Quartieren für die „Hofkavaliere" an, also für die Reiter. Der Schlossvorplatz wurde durch dieses Kavaliersgebäude in zwei Bereiche eingeteilt, wovon der westliche vom Reitplatz eingenommen wurde. Am westlichen Ende dieses Platzes, z.T. eingebettet in die Wallanlage, lag das 1614 von Herzog Johann Adolf errichtete Ball-

Die ehemalige Exerzierhalle, 1857 von den Dänen erbaut

Die heutigen Nebengebäude

AB MITTE DES 19. JAHRHUNDERTS wurden sämtliche ehemals zur Hofhaltung gehörigen Nebengebäude auf der Schlossinsel durch Neubauten, die für die Nutzung des Schlosses als Kaserne notwendig waren, ersetzt. So wurden weitläufige Pferdeställe, Reit- und Exerzierhallen, Waschgebäude sowie Wach- und Arresthäuser errichtet. Letzteren dienten die beiden den Zugang zum Schloss flankierenden, eingeschossigen Gebäude. Fast sämtliche Wasch- und Latrinenhäuser wie auch die Büchsenmacherei aus der Kasernenzeit sind bereits wieder verschwunden. Der mehrgeschossige sogenannte Kreuzstall, dessen Grundriss die Form eines griechischen Kreuzes aufweist, bildet den Kern der Stallanlagen, die sich zunächst parallel liegend südlich und nördlich dem Kreuzstall anschlossen und später durch Hinzufügen weiterer Flügel zur U-Form geschlossen wurden. Diese nur eingeschossigen Gebäude

sind wie die anderen Nebengebäude aus hellgelbem Backstein errichtet und in ihrer architektonischen Gestaltung zurückhaltend. Durch die moderne Nutzung als Ausstellungsfläche ist der ehemalige Stallcharakter stark in den Hintergrund getreten, jedoch verraten die Eisenringe an den Außenwänden die ursprüngliche Zweckbestimmung der Gebäude. In den Stallgebäuden auf der Schlossinsel waren zur Kasernenzeit insgesamt 420 Pferde untergebracht; die heute parkartig gestalteten Grünflächen dienten als Reitplätze. Ein aufwendiger gestaltetes Äußeres weist die ehemalige Exerzierhalle westlich des Schlosses auf. Mit ihren schmalen Rundbogenfenstern, die jeweils paarweise zusammengefasst werden, sowie zurückhaltenden Renaissance-Motiven stellt sie ein geschmackvolles Beispiel historistischer Backstein-Architektur dar.

1910/1911 wurde das ehemalige Kommandanturgebäude errichtet. Es liegt gegenüber der Südfassade am Ufer des Burggrabens. Im Unterschied

*Die ehemaligen
Stallanlagen auf der
östlichen Inselhälfte*

zu den anderen Nebengebäuden ist dieses drei-
geschossige, hoch aufragende Gebäude verputzt
und weist mit seinen Eckquaderungen, dem turm-
artig hochgezogenen Treppenhausrisalit und der
aufwendigen, schiefergedeckten Dachlandschaft
ein Aufgreifen von architektonischen Details des
Südflügels auf. Die Anwendung eines neoba-
rocken Stils verdeutlicht, dass bewusst auf eine
repräsentative Gestaltung geachtet wurde.

Die Gärten

Die einstigen herzoglichen Gärten entstanden als
Ausdruck fürstlicher Repräsentation im 16. und
17. Jahrhundert und dienten der Selbstdarstellung
eines Fürsten, der Anspruch auf einen autono-
men, absolutistisch geführten Staat erhob.
Ein erster Garten, der so genannte Westergarten,
erstreckte sich seit dem 16. Jahrhundert südlich
vom Schloss auf dem Festland, dort, wo sich
heute das ab 1869 errichtete Oberlandesgericht,
damals Sitz der Preußischen Regierung, erhebt.
Östlich gegenüber diesem Garten wurde ab 1623

auf einer länglichen Halbinsel am Ufer der Schlei
ein umfangreicher Gartenbereich geschaffen, der
auch den „Herrenstall" – den Pferdestall für die
am Hofe tätigen Personen –, Fischteiche und eine
Mühle umfasste. Später als „Alter Garten"
benannt, wurde er schon bald in einen Küchen-
garten umgewandelt. Diese ältesten herzoglichen
Gärten sind heute nicht mehr erhalten, nur die

*Die ehemalige, sogenannte Kommandantur, Sitz des
militärischen Stabs während der Kasernenzeit des Schlosses,
1910 erbaut*

Die Kaskadenanlage beim rekonstruierten Barockgarten

Straßennamen „Alter Garten" und „Herrenstall" erinnern an die einstige herzogliche Nutzung des heute fast vollständig bebauten Geländes.

Das „Neue Werck" jedoch, ein Garten, dessen Grundstruktur bis in die Gegenwart im Gelände nachzuvollziehen war, wurde sukzessive seit 2004 wiederhergestellt und ist heute als rekonstruierter Barockgarten zugänglich. Er wurde 1637 von Herzog Friedrich III. begonnen und unter Herzog Christian Albrecht vollendet. Da sich nördlich des Schlossgrabens eine feuchte Niederung anschloss, bot sich erst das sanft abfallende Gebiet oberhalb der morastigen Wiesen als Gartengrund an. Damals wurde der nördliche Damm aufgeschüttet, der heute noch – bepflanzt mit Alleebäumen – als Verbindungsweg zwischen Schloss und Gartengelände dient.

Vom Schloss kommend, bildete eine kleine Kaskadenanlage die optische Verbindung zur Gesamtanlage des Gartens. Tatsächlich entstand diese Anlage erst in den 1690er Jahren, nach Fertigstellung des eigentlichen Neuwerkgartens. Anstelle des heutigen klassizistischen Tempels aus dem Jahr 1834 erreichte der damalige Besucher eine künstliche Grotte mit muschelförmigen Nischen, in denen sich Standbilder befanden. Erhalten hat sich die Wassertreppe, die mit steinernen Delphinen, Muscheln, Schnecken und einem Triton ausgeschmückt ist. Am Fuße der Kaskade liegt ein achteckiges Wasserbassin, das ursprünglich mit einer Mittelfontäne und 16 Bleifröschen ausgestattet war. Bemerkenswert ist die große Eisenkunstgussschale, die ebenfalls aus dem Jahr 1834 stammt und in der Büdelsdorfer Carlshütte hergestellt worden ist.

Gleich neben der Kaskadenanlage entstand ab 1637 zunächst, als Auftakt zum „Neuen Werck", ein breit gelagerter, rechteckiger Teich. Die Steinfigur eines Herkules im Kampf mit der Hydra, aus deren Mäulern sich Wasserfontänen ergossen, bil-

Der Neuwerkgarten, 1732

Der Herkules, Rekonstruktion nach dem nur in Fragmenten erhaltenen Original (heute im Museum)

dete den Mittelpunkt des Teiches. 1994, als das längst versandete Gelände des Teiches einer Untersuchung unterzogen wurde, konnten Archäologen beachtliche Bruchstücke der Skulptur zutage fördern. Ausgehend von diesem Fund, wurde der einstige Herkulesteich wieder hergerichtet und eine Replik des Herkules erstellt. Die Originalteile erhielten einen Platz im Museum. Heute wie im 17. Jahrhundert blickt der Herkules, Symbol siegreicher und tugendhafter fürstlicher Macht, Richtung Norden auf den neu entstehenden Neuwerkgarten.

Unmittelbar nördlich vom Herkulesteich liegt ein halbmondförmiges Gartenparterre, das ebenfalls aufgrund der vorhandenen Reste wiederhergestellt werden konnte. Das Gartenparterre ist von einer doppelschichtigen Böschungsmauer eingefasst, vor die einst zwölf vergoldete Büsten von Vorfahren der Herzöge als Ausschmückung aufgestellt waren. Ein Wegenetz teilt das Halbrund in vier Segmente, die ursprünglich mit Figuren, die die vier Jahreszeiten in Kombination mit den vier Lebensaltern darstellten, besetzt waren.

Im Zentrum der Böschungsmauer stand ein Backsteingebäude von außergewöhnlicher Architektur. Es war quaderförmig, hatte ein Flachdach und wies auf allen vier Seiten Anbauten, die auf Pfeilerarkaden ruhten, auf. Sämtliche Anbauten waren wie das Flachdach von Balustraden gesäumt und begehbar. Auf der Nordseite befand sich ein Turm mit einer geschweiften Dachhaube, der das Gesamtgebäude überragte. Dieses so genannte einstige Globushaus diente nach seiner Fertigstellung 1655 als repräsentativer Rahmen für Festlichkeiten. Außerdem war es Aufstellungsort für einen großformatigen Globus mit einem Durch-

Der begehbare und drehbare Globus im Inneren des Globushauses, im Hintergrund Richtung Süden das Schloss

messer von über 3 m, der als Wunderwerk der Technik und Wissenschaft galt.

Ab 2003 entstand an der Stelle des ehemaligen Globushauses, das bis auf die Fundamente völlig verschwunden war, ein neues Globushaus. Der Entwurf des Architekturbüros Hirmer & Sattler und Albrecht nimmt in einer zeitgemäßen Formensprache Motive des Vorgängerbaus auf. Wie im 17. Jahrhundert beherbergt das neue Globushaus wieder einen großen, innen begehbaren Globus. Der Globus konnte auf Grundlage von Archivalien, Vergleichen mit zeitgenössischen Kartenmaterial bzw. Globen und des heute noch in St. Peterburg vorhandenen, wenn auch stark veränderten Originalglobus rekonstruiert werden. Eine Holzgalerie führte damals um den Globus. Über eine Luke konnte man außerdem ins Innere gelangen und dort den Sternenhimmel, der durch Messingsterne dargestellt wurde, bewundern. Durch Wasser- oder Handantrieb konnte der Globus in langsame Drehung versetzt werden. Heutigen Besuchern eröffnet die Rekonstruktion des Globus wieder diese Möglichkeit – es ist nicht nur eine Reise in die Vergangenheit, sondern auch in die Welt der Astronomie.

Holzmodell des Globus, Rekonstruktion von Felix Lühning

Der unter Herzog Friedrich III. angelegte untere Teil des Neuwerkgartens wurde maßgeblich durch seinen Hofgärtner, Johannes Clodius, geprägt. Er war umfassend gebildet und hatte aus Frankreich, Italien und Spanien zahlreiche Eindrücke der zeitgenössischen Gartenkunst mitgebracht, die er nun hier auf Gottorf verwirklichen konnte. Unter Herzog Christian Albrecht wurde ab 1659 der nördliche Teil des Neuwerkgartens angelegt. Clodius' Nachfolger als Hofgärtner, Michael Gabriel Tatter, blieb dabei den Grundgedanken seines Vorgängers treu. Das „Neue Werck" ist heute wieder annäherungsweise in dem Zustand zu erleben, wie es sich zu seiner Blütezeit im frühen 18. Jahrhundert befunden hat. Die Terrassen sind stufenförmig durch Böschungen voneinander getrennt und bilden einzelne, bepflanzte Ebenen. Die Größe der einzelnen Terrassen nimmt von Stufe zu Stufe ab, so dass durch die perspektivische Verkürzung eine größere Tiefenerstreckung, als tatsächlich vorhanden, vorgetäuscht wird. Der heutige Pflanzplan orientiert sich an historischen Plänen und unterteilt die einzelnen Terrassen in Hecken gesäumte Beete. Die Beete weisen aufwendige geometrische Binnenstrukturen auf. Eine breite Mittelachse führt von Terrasse zu Terrasse Richtung Norden. Die Sandstein-Bassins auf den Terrassen konnten aufgrund archäologischer Untersuchungen in ihrer ursprünglichen Form rekonstruiert werden. Sie gehören zusammen mit den treppenförmigen Kaskaden an den Böschungen zu der Wasserachse, die für die Wasserspiele im Neuwerkgarten sorgte. Verborgen im Untergrund, sorgte einst ein kompliziertes Rohrsystem für die Wasserversorgung der Bassins, der Kaskaden, des Herkulesteichs und für den Antrieb des Globus .

Östlich, parallel zum „Neuen Werck", verläuft die „Königsallee". Sie führte einst, an Fischteichen

Blick vom Globushaus Richtung Norden auf den rekonstruierten Barockgarten

Der rekonstruierte Barockgarten, Blick von Südosten

vorbei, zum oberen Ende des Gartens, dort, wo sich zu herzoglichen Zeiten eine Orangerie für die Töpfe mit den exotischen Pflanzen, ein Karussell und die „Amalienburg" als Pendant zum Globushaus befunden haben. Von diesen Bauwerken sind heute keine sichtbaren Spuren mehr vorhanden. Die ab 1670 erbaute „Amalienburg" war ein von ihren Ausmaßen eher bescheidenes Gebäude, fiel aber aufgrund ihrer Architektur auf. Der Bau folgte Vorstellungen von Idealbauten im Stil der italienischen Renaissance und bestand aus einem quadratischen Zentralbau mit Zeltdach, dem vier ebenfalls quadratische Eckpavillons angegliedert waren.

Der Niedergang des Neuwerkgartens begann bereits kurz nach seiner Vollendung. Zunächst erlitt das Globushaus starke Beschädigungen, als man eine Außenwand einriss, um den Globus zu entfernen. Er kam als Geschenk an Zar Peter den Großen nach St. Petersburg. Das Globushaus wurde nach über fünfzig Jahren, in denen es ungenutzt dem Verfall preisgegeben war, 1768 abgerissen.

Das Gartengelände verkam aufgrund mangelnden Interesses. Nachdem in der zweiten Hälfte des 18. Jahrhunderts die Gebäude niedergerissen wurden – als letztes verschwand 1826 die Amalienburg – gab es noch Bemühungen, den Garten der Öffentlichkeit zugänglich zu machen. Als das Schloss jedoch Kaserne wurde, planierte man die Terrassen und nutzte sie als Reitflächen. Seit 1948 war das Gelände im Wesentlichen sich selbst überlassen.

Zwischen 1987 und 2004 konnten das Archäologische Landesamt und das Landesamt für Denk-

Grundriss des Neuwerkgartens, lavierte Federzeichnung, 1728

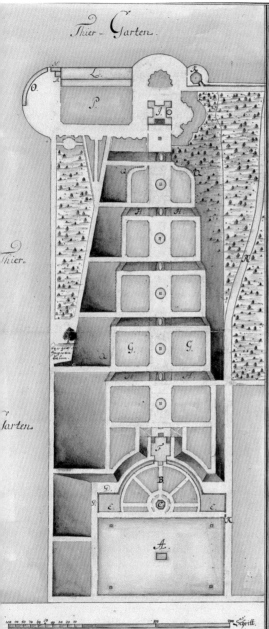

Thier - Garten.

Thier

Garten.

Grund Riß
von ein Theill oder Königlichen Gottorffische
Neuen Wercks Bancken.
Explication des Alphabets.

A. Der Herculis Teich

B. Der so genandt Kleinen Bancken, welche aber ...

C. Ein Astrolabisches Lust Hauß von Alabaster ...

...

Bottorff den 4ten September 1728.

Das Globushaus im rekonstruierten Barockgarten, Blick Richtung Süden zum Schloss

malpflege in fast zwanzig Grabungskampagnen das Areal systematisch nach Spuren der Geschichte untersuchen. Parallel dazu entwickelte sich der Plan, den Garten in seiner Gesamtheit als Rekonstruktion wieder erlebbar zu machen. Im Sommer 2007 war dieses ehrgeizige Ziel erreicht.

Die Zukunft des Schlosses – Ideenwettbewerb zum Masterplan

Veränderte Anforderungen an die museale Präsentation, der wissenschaftliche Fortschritt und der eigene Anspruch der Stiftung Schleswig-Holsteinische Landesmuseen waren die Gründe für die Stiftung, sich eingehend mit der zukünftigen Entwicklung des Hauses zu beschäftigen. Unter Berücksichtigung der besonderen Profile der beiden auf der Schlossinsel beheimateten Museen, des Bedarfs an Bildung und Vermittlung und eines verbesserten Besucherservices wurde daher europaweit ein Ideenwettbewerb durchgeführt. Die Entwürfe der von einer Jury ausgewählten Preisträger werden die Grundlage für einen zukünftigen umfassenden Masterplan für die Weiterentwicklung der Schlossinsel bilden.

Wichtigste Literatur

Uwe Albrecht: Frührenaissance-Architektur in Norddeutschland und Dänemark (1530–1570), in: Nordelbingen Bd. 66, 1997, S. 25–47

Karen Asmussen-Stratmann, Barocke Gartenkunst auf Gottorf, Geschichte und Bedeutung des Neuwerkgartens, aus: Die Ordnung der Natur, Vorträge zu historischen Gärten und Parks in Schleswig-Holstein, hrsg. von Rainer Hering, Veröffentlichungen des Landesarchivs Schleswig-Holstein Band 96, S. 13 – 35, Hamburg 2009

Ausstellungskatalog: Landgraf Carl von Hessen 1744–1836, Statthalter in den Herzogtümern Schleswig und Holstein, hrsg. vom Landesarchiv Schleswig-Holstein, Schleswig 1996

Ausstellungskatalog: Die Ordnung der Natur, Historische Gärten und Parks in Schleswig-Holstein, hrsg. vom Landesarchiv Schleswig-Holstein, Schleswig 2008

Holger Behling u. Michael Paarmann: Schloß Gottorf, Glanz und Elend des Fürstengartens (Baudenkmale in Gefahr Heft 5), Kiel 1985

Holger Behling: Hans Gudewerth der Jüngere (um 1600–1671), Bildschnitzer zu Eckernförde, Neumünster 1990

Christian Degn: Schleswig-Holstein, Eine Landesgeschichte, Historischer Atlas, Neumünster 1994

Gottorf im Glanz des Barock, Bd. I bis IV, Kunst und Kultur am Schleswiger Hof 1544–1713, Schleswig 1997

Guratzsch, Herwig (Hrsg.): Der neue Gottorfer Globus. Mit Beiträgen von Thomas Albrecht, Mathias Gretzschel, Rudolf Schmidt und Ulrich Schneider., München 2005

Johannes Habich: Schloß Gottorf, Spurensicherung (Baudenkmale in Gefahr Heft 3), Kiel o. J. (1980)

Ideenwettbewerb zum Masterplan, eine Broschüre der Stiftung Schleswig-Holsteinische Landesmuseen Schloss Gottorf, Kiel o. J. (2013)

Michael Paarmann: Gottorfer Gartenkunst, Der Alte Garten, Diss. phil. Kiel 1986

Eike Pies: Das Theater in Schleswig 1618–1839, Kiel 1980

Ernst Schlee (Hrsg.): Gottorfer Kultur im Jahrhundert der Universitätsgründung, Ausstellungskatalog, Flensburg 1965

Ernst Schlee: Das Schloß Gottorf in Schleswig, Kunst in Schleswig-Holstein, Flensburg 1965, Neumünster 21978

Harry Schmidt: Gottorfer Künstler, Aus urkundlichen Quellen im Reichsarchiv zu Kopenhagen, Teil 1, Kiel 1916

Heiko K. L. Schulze: Beobachtungen zur mittelalterlichen Wehrmauer und zur frühen Bautätigkeit auf Schloß Gottorf in Schleswig, in: Jahrbuch des Schleswig-Holsteinischen Landesmuseums Schloß Gottorf, Neue Folge, Bd. IV, hg. von Spielmann, Neumünster, Jahr 1994, S. 25–36

Heiko K. L. Schulze: Schloß Gottorf in Schleswig, Bericht über neue Ergebnisse der Bauforschung des Landesamtes für Denkmalpflege, in: Nordelbingen, Bd. 63, 1993, S. 189–233

Wolfgang Teuchert: Bericht über neue Ergebnisse der Bauforschung des Landesamtes für Denkmalpflege 1969–1984, in: Nordelbingen Bd. 54, 1985, S. 231–240

Mette Thelle: Der Hirschsaal in Schloß Gottorf. Vorlagen und Vorbilder, in: Nordelbingen Bd. 52, 1983, S. 31–52

Volker Vogel: Archäologische Untersuchungen im Ostflügel von Schloß Gottorf, in: Jahrbuch des Schleswig-Holsteinischen Landesmuseums Schloß Gottorf, Neue Folge, Bd. III, hg. von H. Spielmann, Neumünster 1992, S. 7–16

Anja Silke Wiesinger, "So würde es eins der schönsten Palläste in Europa geworden sein". Schloss Gottorf als barocke Fürstenresidenz, Diss. phil. Kiel 2010

Paul Zubek: Die ehemalige Haupttreppe des Südflügels von Schloß Gottorf, in: Beiträge zur Schleswiger Stadtgeschichte Bd. 21, 1976, S. 35–60

2., aktualisierte Auflage 2014
© Verlag Schnell & Steiner GmbH,
Leibnizstraße 13, D-93055 Regensburg
Satz, Druck: Erhardi Druck GmbH, Regensburg
ISBN 978-3-7954-2547-0

Weitere Informationen zum Verlagsprogramm erhalten
Sie unter: www.schnell-und-steiner.de

Bibliografische Information der Deutschen Nationalbibliothek. Die Deutsche Nationalbibliothek
verzeichnet diese Publikation in der Deutschen
Nationalbibliografie; detaillierte bibliografische
Daten sind im Internet über http://dnb.d-nb.de
abrufbar.

Burgen, Schlösser und Wehrbauten in Mitteleuropa Bd. 5

Herausgegeben von der

 Wartburg-Gesellschaft

Bisher erschienen

Abbildungsnachweis

Archiv Landesamt für Denkmalpflege Schleswig-Holstein: S. 12 unten, 43 unten, 48 oben
(Foto F. Schneider), 50

G. Ulrich Großmann: S. 40 oben, 42 unten

F. Lühning: S. 16, 19 oben, 32, 51

Nationalmuseum Kopenhagen: S. 13

Reichsarchiv, Kopenhagen: S. 18, 51 unten, 52

Schleswig-Holsteinisches Landesarchiv: S. 14/15,
56 (Abt. 402 BII, Nr. 247), 61 (Abt. 66, Nr. 9265)

Stiftung Schleswig-Holsteinische Landesmu-
seen/C. Dannenberg, R. Kühling u. M. Wal-
ther: vordere und rückwärtige Umschlagseite
S.1, 2/3, 4, 5, 6, 7, 8, 9, 10, 12 oben, 16
unten, 17, 18 unten, 19 unten, 20, 21, 22, 23,
24, 25, 26, 27, 30, 31, 34, 35, 36, 37, 38, 39,
40 unten, 41, 42 oben, 43 oben, 44, 45, 47,
48 unten, 49, 53, 54 unten, 55, 57, 58, 59,
60, 62

A. Wendt: 28, 29, 54